ABITUR-WISSEN POLITIK

Carl Deichmann

Politische Theorie

STARK

Bildnachweis
Bildarchiv Preußischer Kulturbesitz, Berlin: Umschlag Portraits (3); S. 1, 3, 10, 17 (2), 20, 22 (2), 23, 27 (2), 30, 33, 34, 40, 43, 55, 73 (l. und r.), 77 (2), 80
Chiesa D'Ognissanti, Florenz: S. 18
Mester, Gerhard, Wiesbaden: S. 61
Suhrkamp Verlag, Bildarchiv: S. 63
Ullstein Bild, Wieczorek : S. 58
Ullstein Bild: S. 73 (M.)
Westdeutscher Verlag (aus: Zeitschrift für Parlamentsfragen, Heft 1/2003, S. 29/30): S. 68

ISBN: 3-89449-649-5

D-85318 Freising · Postfach 1852 · Tel. (0 81 61) 1790

Inhalt

Prof. Dr. Carl Deichmann

Vorwort

Liebe Schülerinnen und Schüler,

bei der Untersuchung der politischen Theorie von der Antike bis zur Gegenwart trifft man immer wieder auf bekannte Begriffe und grundlegende Annahmen, die zentrale Aspekte des politischen Systems und der Legitimation von Herrschaft in unseren modernen Demokratien darstellen. Probleme, die schon Aristoteles oder John Locke beschäftigten, wie z. B. die Frage nach der richtigen Gewichtung zwischen individueller Freiheit und gesellschaftlichen Verpflichtungen oder den Aufgaben und Grenzen staatlicher Macht, spielen auch heute noch eine wichtige Rolle in der politischen Diskussion.

In dem vorliegenden Band „Politische Theorie“ werden die Ideen der **wichtigsten Vertreter der politischen Theorie von der Antike bis heute** nach chronologischen und systematischen Aspekten untersucht. Hierbei werden die Denker nach folgender Systematik besprochen:

- Es werden die jeweiligen theoretischen Positionen in ihrem Selbstverständnis und in Abgrenzung zu anderen Positionen **dargestellt**. Dies schließt auch Aspekte der Wirkungsgeschichte der jeweiligen Position ein.
- Es wird eine **Problematisierung** sowohl unter dem Gesichtspunkt der zeitlichen Bedingtheit der entsprechenden politischen Theorie als auch unter dem Gesichtspunkt ihrer Bedeutung für heutige Staaten angestrebt.

Mithilfe anschaulicher Grafiken kann die Verwirklichung der verschiedenen Theorieansätze in politischen Systemen nachvollzogen werden. In einer abschließenden Übersicht wird die Vernetzung der Demokratietheorien und ihre Wirkungsgeschichte verdeutlicht.

Ich wünsche Ihnen viel Erfolg bei der Arbeit mit diesem Buch!

Prof. Dr. Carl Deichmann

Hat die politische Theorie der Antike noch aktuelle Bedeutung?

Bei der Behandlung der politischen Theorie der Antike steht die Frage im Vordergrund, welche aktuelle Bedeutung diese Ideen heute noch besitzen. Dabei kann der Begriff der „Aktualität“ in zweifachem Sinne verstanden werden: Zum einen im Sinne der Tagesaktualität und zum anderen in einem grundsätzlicheren Sinne, nämlich der Bedeutung der Theorie für die grundlegenden Prinzipen (Werte/Normen) und für die Strukturen des politischen Systems und der Gesellschaft. Mit Aristoteles und Cicero werden zwei Theoretiker der Antike behandelt, auf die zum einen deren Nachfolger immer wieder Bezug nehmen, deren Gedanken zum anderen bis heute Bedeutung besitzen. Sie sprechen die fundamentalen Fragen über das Verhältnis der Menschen zur Gesellschaft und über die gerechte politische Ordnung an:

- Soll der Gemeinschaftsbezug des Menschen stärker als seine Individualität betont werden?
- Sollen Gesellschaften und politische Ordnungen nach dem Gleichheitsprinzip organisiert werden?

Aristoteles: Der Mensch ist ein politisches Wesen

Biografie

Aristoteles (384 v. Chr. – 322 v. Chr.) wurde in Stageira in Makedonien im nördlichen Griechenland geboren. Von 367 v. Chr. an war er 20 Jahre lang Mitarbeiter an der Akademie Platons. 342 v. Chr. zog er an den makedonischen Hof in Pella als Erzieher von Alexander, dem Sohn von Philipp von Makedonien. Im Jahr 335 v. Chr. kehrte Aristoteles nach Athen zurück und lehrte am Gymnasium Lykeion. Um nach dem Tod von Alexander dem Großen im Jahre 323 v. Chr. als ehemaliger Erzieher des Makedonenkönigs der wachsenden Opposition in Athen gegen die Makedonen nicht zum Opfer zu fallen – er wurde wie einst Sokrates der Gottlosigkeit angeklagt – zog er sich auf sein Landgut nach Euböa zurück, wo er kurz darauf im Jahre 322 verstarb.

Politikwissenschaft als praktische Wissenschaft

Aristoteles' Überlegungen verändern die griechische Philosophie und die politische Theorie im Sinne einer starken Orientierung an der erlebbaren Realität. Er geht, bezogen auf die Frage der Erkennbarkeit der Welt, von der sinnlich wahrnehmbaren Welt aus. Das heißt, zu Beginn jeder Untersuchung werden zunächst die beobachtbaren, empirisch wahrnehmbaren Tatbestände dargestellt, erst dann folgen die allgemein gültigen Aussagen. Er setzt also, anders als Platon, keine vorab feststehenden Ideen an den Beginn seiner Betrachtungen, sondern erarbeitet seine Vorstellungen anhand faktisch existierender Realitäten.

So konzipiert Aristoteles seinen Staat nicht im Idealen, sondern im Möglichen, da das Ziel seiner Untersuchung nicht nur der beste, sondern auch ein realisierbarer Staat ist. Dieser Realitätsbezug wird auch in seiner Bestimmung der **Politikwissenschaft** als praktische Wissenschaft deutlich. Für Aristoteles ist die Auseinandersetzung mit der Gesetzgebung und der Verfassung von Staaten unabdingbar für eine Wissenschaft vom menschlichen Leben.

Menschenbild, Gesellschafts- und Staatsauffassung

Bei Aristoteles sind Menschenbild, Gesellschafts- und Staatsauffassung miteinander verbunden und werden immer im Zusammenhang gesehen. Hierbei geht er von einer teleologischen Betrachtungsweise (griech. *telos*: Ziel) aus, also von der Auffassung über die Zielgerichtetheit des Seins und somit der Entwicklung. Danach besitzt alles, was existiert, eine **natürliche Zweckbestimmung** und strebt nach dem Guten. In diesem Zusammenhang ist das „Gute" primär kein moralischer Begriff, sondern eine Beschreibung von „Ziel", „Gewolltem" oder „Angestrebtem".

Aristoteles ist der Meinung, dass auch der Mensch, wie alles, was existiert, eine natürliche Zweckbestimmung hat: Er strebt danach, seine Anlagen und Fähigkeiten zu entfalten. Dies kann der Mensch allerdings nur in und durch die Gemeinschaft, da er **von Natur aus ein Staaten bildendes, ein geselliges Wesen**, ein *zoon physei politikon*, ist. Nach Aristoteles ist die **Polis**, also der Staat, Endzweck aller Gemeinschaften, denn nur in ihr kann der Mensch ein gutes Leben führen.

> Ziel des Staates ist also das edle Leben, und jenes andere ist um des Zieles willen da. Und der Staat ist die Gemeinschaft der Geschlechter und Dorfgemeinden um des vollkommenen und selbstständigen Lebens willen. Dieses endlich ist wie wir betonen, das glückselige und edle Leben. Man muss also die politischen Gemeinschaften auf die edlen Handlungen einrichten und nicht bloß auf das Beisammenleben. (Politik, S. 39 [1])

1 Aristoteles: Politik; Übers./Hg. Olof Gigon, München 1973

Wer nicht der Gemeinschaft bedarf, so Aristoteles, ist entweder ein wildes Tier oder Gott. Nur in der Gemeinschaft ist seiner Meinung nach ein tugendhaftes Leben nach den Prinzipien der Gerechtigkeit möglich.

Idee der Gerechtigkeit und die Rechtsauffassung

Bei Aristoteles gibt es eine unmittelbare Verknüpfung der Zielbestimmung individuellen Handelns mit der regulativen **Idee der Gerechtigkeit**. Diese gilt als Konkretisierung der Idee des Gemeinwohls und des Guten: „Das politische Gute ist das Gerechte und das ist das, was der **Allgemeinheit** zuträglich ist." (Politik, 1282 b, 17). Damit ist die Bedeutung der Gerechtigkeit für das individuelle Leben, also für die individuelle Entwicklung, und für die Gemeinschaft, in die alle Individuen eingebunden sind und in der sie ihre Ziele verwirklichen, eindeutig hervorgehoben.

Nach Aristoteles kann das Recht grundsätzlich in Natur- und Gesetzesrecht unterschieden werden. Das **Naturrecht** hat danach überall dieselbe Kraft der Geltung und ist unabhängig von Zustimmung oder Nichtzustimmung der Menschen. Bei dem **Gesetzesrecht** handelt es sich um Festlegungen durch die Menschen, die aber, wenn sie getroffen sind, verbindlich sein sollen.

Die erste Grundform der Gerechtigkeit, die **austeilende Gerechtigkeit**, wird nach Aristoteles bei der Verteilung von öffentlichen Anerkennungen (Geld und sonstige Werte) wirksam, die den Bürgern einer Gemeinschaft zustehen. Dieser Form der Gerechtigkeit liegt die Idee zugrunde, dass die Menschen unterschiedliche Beiträge zur Gemeinschaft leisten und diese Beiträge auch unterschiedlich belohnt werden sollen. Die zweite Grundform ist die **Verkehrsgerechtigkeit**, die dafür sorgt, dass die vertraglichen Beziehungen von Mensch zu Mensch rechtens sind. In dieser Form der Gerechtigkeit werden die Leistungen (Miete, Zins, Kauf) unabhängig von dem sozialen Ansehen der Person gewichtet. Die Menschen sollen demnach also alle gleich behandelt werden.

Aristoteles nimmt im Gegensatz zu Platon die irdische Welt als Basis seiner Überlegungen.

Staatsformenlehre

Bei seinen Überlegungen zu den politischen **Ordnungsformen** geht Aristoteles von der natürlichen Vorgegebenheit der **Herrschaft** aus. Das heißt, er vertritt die Meinung, dass das Herrschen und Dienen zu den notwendigen Dingen gehört. Wie beim Menschen die Seele über den Leib herrschen soll, so ist auch zwischen den Menschen eine natürliche Herrschaftsstruktur vorgegeben. Die Herrschaft des Herrn über den Sklaven ist nach Aristoteles ebenso natürlich wie das Herrschaftsverhältnis zwischen dem Männlichen und Weiblichen von Natur aus existiert.

Auch die **politische Ordnung wird als Herrschaftsordnung** verstanden. Die Kriterien, nach denen die politischen Ordnungen zu beurteilen sind, bestehen nach Aristoteles erstens in der Anzahl der Herrschenden und zweitens in der Frage, ob die Herrschenden dem Gemeinwohl dienen. Wichtig ist also der Nutzen, der für **alle** Bürger entsteht. „Gute" Staatsformen sind demnach jene Ordnungen, in denen ein Einzelner, wenige oder viele im Hinblick auf das Gemeinwohl regieren. „Verfehlte" Staatsformen sind solche, wo die Regierenden nur ihren eigenen Nutzen verfolgen. Nach diesen Gesichtspunkten unterscheidet Aristoteles drei gute und drei schlechte Staatsformen. **Gute Staatsformen** sind die Monarchie (Herrschaft eines Einzelnen, griech. *monarchia*: Alleinherrschaft), die Aristokratie (Herrschaft von wenigen, griech. *aristoi*: Vornehmste) und die Politie (Herrschaft von vielen).

Zu den entarteten, den **schlechten Staatsformen**, gehört die Tyrannis, die Oligarchie (griech. Herrschaft der wenigen,) und die Demokratie (griech. *demos*: Volk), in der die Besitzlosen in einer gesetzlosen Herrschaft ihre Leidenschaften und Begierden verfolgen, ohne an den gemeinsamen Nutzen des Staates zu denken. Um die Gemeinwohlorientierung von politischen Ordnungen zu verstärken, ist es nach Aristoteles wichtig, dass sich niemand an den Ämtern bereichern kann. Damit spricht er eine wichtige **Legitimationsgrundlage** politischer Herrschaft an: Wenn sich Regierende an öffentlichen Gütern bereichern, sind die Beherrschten erbittert, da sie an den Ämtern nicht teilhaben können und die Regierenden außerdem Gewinn machen. Deshalb tritt Aristoteles für eine **Mischverfassung** ein, also einen Staat, der zugleich demokratische und aristokratische Elemente enthält. In dieser Verfassung können

> [...] die Angesehenen wie die Menge, jeder auf seiner Seite, bekommen, was sie wollen: dass alle regieren dürfen ist demokratisch, dass die Angesehenen die Magistraturen besetzen ist aristokratisch, und das ist möglich, wenn man aus den Regierungsämtern keinen Gewinn ziehen kann. (Politik, 40 ff.)

Die Verfassung hat dann Bestand, wenn sie dem Wohle des ganzen Volkes dient, keiner zu viel Macht hat, Gesetze die Bereicherung im Amt verhindern und jeder Bürger zur Verfassung erzogen wird. Diesen Aspekt der **politischen Bildung** sieht Aristoteles als zentral für den Bestand der Verfassung an.

In der **Forderung nach einer Mischverfassung** schlägt sich einerseits die biografische Erfahrung nieder, andererseits ist sie das Ergebnis der systematischen und historischen Untersuchungen von Aristoteles. Die **biografische Erfahrung** des Aristoteles bezieht sich, was das politische Umfeld anbelangt, zunächst auf die anhaltenden Auseinandersetzungen der griechischen Städte Sparta, Athen und Theben nach der Niederlage Athens im Peloponnesischen Krieg (431–404). Darüber hinaus erlebt er den Aufstieg des makedonischen Reiches unter Philipp II., dessen Sohn Alexander er seit 342 v. Chr. erzieht. Im Jahr 336 v. Chr. schlägt Alexander den Aufstand der Städte Theben und Athen nieder und errichtet bis 323 v. Chr. ein Weltreich. Aristoteles ist also Zeitzeuge der unterschiedlichen Herrschaftsformen und Herrschaftsmethoden in den griechischen Städten und im Weltreich Alexanders. Während seiner **systematischen und historischen Untersuchungen** sammelt Aristoteles zu Forschungszwecken 158 Verfassungen verschiedener Städte und untersucht z. B. in der kleinen Schrift „Der Staat der Athener“ die historische Entwicklung der Verfassungsordnungen. Im systematischen Teil dieser Schrift stellt er die demokratische Verfassung dar, die in Athen seit der Erneuerung der Demokratie 403 v. Chr. existiert. Die lange, immer wieder unterbrochene demokratische Tradition Athens wird deutlich, wenn man sich vergegenwärtigt, dass schon 507 v. Chr. in der **Verfassung von Kleisthenes** (athenischer Staatsmann) die von Aristoteles über 170 Jahre später beschriebene und geforderte umfassende Mitbestimmung des einzelnen Bürgers verwirklicht ist. In dieser Verfassung (siehe Grafik S. 7) waren bereits zentrale Elemente der aristotelischen **Vorstellung von der Mischverfassung** enthalten.

Grundlage der Verfassung von Kleisthenes war die Einteilung der Volksversammlung in zehn Phylen (Verwaltungsbezirke), die sich jeweils aus Bürgern der Stadt, des Binnenlandes und der Küste zusammensetzten. Die Volksversammlung beschloss Gesetze, wählte Beamte, Richter und Offiziere, entschied über Krieg und Frieden und kontrollierte Regierung und Militär. Jede Phyle wurde von 50 Bürgern im Rat der 500 vertreten. Dieser beriet die Volksversammlung und bereitete Beschlüsse vor. Die eigentlichen Regierungsaufgaben lagen beim geschäftsführenden Ausschuss des Rates. Hier fungierten die Vertreter jeder Phyle (Prytanen) für je 36 Tage. Diese Amtsperiode wurde Prytanie genannt. Die Prytanen entschieden über Anträge an die Volksversammlung, überprüften deren Verfassungsmäßigkeit, verwalteten die Staatsfinanzen, kontrollierten die Beamten und verhandelten mit ausländischen Gesandten.

Die ehemals höchsten Amtsträger Athens waren die Archonten. Ihre Bedeutung sank zur Zeit des Kleisthenes. Ab 487 wurde für ihre Bestellung sogar das Losverfahren eingeführt. Einer von ihnen hatte den Oberbefehl über das Heer.

Ihm waren zehn Strategen, die mittels Wahl bestimmt wurden, untergeordnet. Nach Beendigung der Amtszeit wurden die Archonten in den Areopag, den alten Adelsrat der Polis, aufgenommen. Dieser verlor zwar durch die Möglichkeit des Zutritts unterer Bürgerschichten an Bedeutung, ihm oblag aber das Recht der Blutgerichtsbarkeit, also die Zuständigkeit für die Verurteilung von des Mordes oder Totschlags befundenen Bürgern. Die sonstige Rechtsprechung übten Volksgerichte aus. Ihre Besonderheit lag in der Bestellung der Richter und Geschworenen. Diese wurden, ohne Beachtung der sozialen Stellung, aus der Gesamtheit der Bürger ausgelost. Diese Mitwirkungsmöglichkeit in den Gerichten war ein zentrales Element politischer Partizipation.

Bedeutung der politischen Theorie

Die Wirkung der politischen Theorie von Aristoteles kann nicht überschätzt werden. Zum einen beziehen sich alle nachfolgenden Theoretiker auf seine Ansätze, zum anderen haben diese auch für unsere heutige Zeit Bedeutung:

- Die Auffassung von der Individualität und Sozialität menschlichen Seins schlägt sich in unserem Menschenbild nieder und findet sich, zusammen mit den Gerechtigkeitsvorstellungen, in den Verfassungsprinzipien von Rechtsstaatlichkeit und Sozialstaatlichkeit wieder. Der austeilenden Gerechtigkeit liegen das Freiheitsprinzip und das Individualprinzip zugrunde, denn letztlich beruhen die unterschiedlichen „Belohnungen" auf unterschiedlichen Leistungen (z. B. Schutz des Eigentums). Der Verkehrsgerechtigkeit liegt das Gleichheitsprinzip zugrunde, das sich im modernen Rechtsstaat in der Gleichheit vor dem Gesetz wieder findet.
- Abgesehen von den zeitbedingten Aussagen über die Begründung der Herrschaft, also die Aussagen über das Verhältnis zwischen Herrn und Sklaven oder zwischen Mann und Frau, gilt die Herrschaftsauffassung von Aristoteles noch heute, beruhen unsere modernen politischen Ordnungen doch auch auf der Annahme, dass politische Herrschaft grundsätzlich nicht aufgehoben werden kann, sie hingegen u. a. durch regelmäßigen Wechsel in den Herrschaftspositionen kontrollierbar sein soll.
- Auch die Auffassung über die Mischverfassung findet in modernen Verfassungen noch Nachwirkungen: Der Präsident hat Züge des Königs, die zweite Kammer aristokratische Elemente (in Großbritannien besteht das Oberhaus aus Adligen). Heute ist die (indirekte) Mitbestimmung der Bürger (Frauen und Männer meist ab 18 Jahren) auf allen Ebenen garantiert.
- Sowohl die Mischverfassung als auch die Einrichtung der Gerichte enthalten auch schon Elemente der Gewaltenteilung, so wie sie später in der Aufklärung bei Montesquieu und Locke ausformuliert werden.

Die demokratische Verfassung Athens nach Kleisthenes (507 v. Chr.)

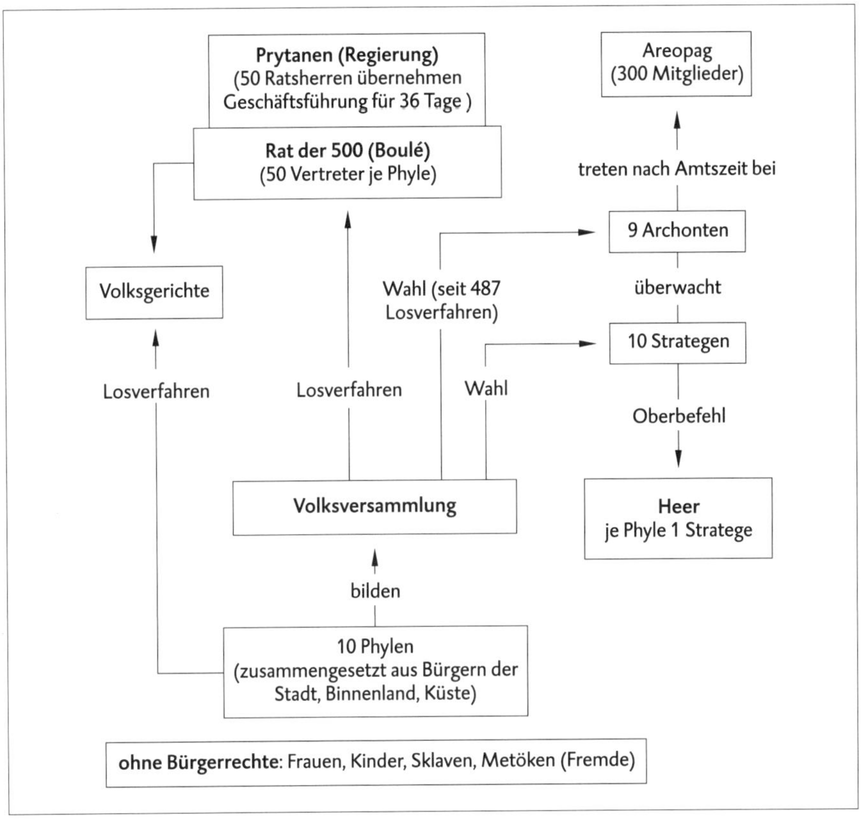

Marcus Tullius Cicero: Gesetze als Grundlage der Römischen Republik

Wenn sich in der politischen Theorie von Marcus Tullius Cicero (106 v. Chr. – 43 v. Chr.) viele Gedanken von Aristoteles, Platon und anderen griechischen Philosophen wieder finden, so ist dies keine Besonderheit, die allein in der Gedankenwelt dieses römischen Rechtsanwaltes, Politikers und politischen Theoretikers zu finden ist. Es ist vielmehr Ausdruck römischer politischer Identität, zu der die selbstbewusste Aufnahme, Einbindung und Weiterentwicklung griechischer Ideen gehört. Diese Elemente des römischen Selbstbewusstseins werden in der Biografie, der politischen Karriere und den politischen Schriften Ciceros besonders deutlich.

Biografie

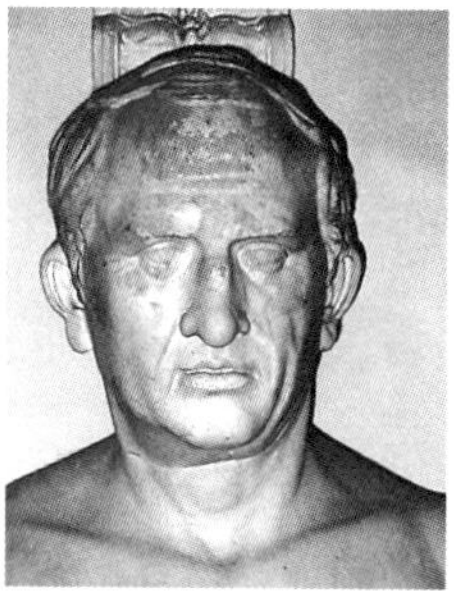

Im Jahr 91 v. Chr. begann Cicero seine Ausbildung als Anwalt in Rom. In seinem Studium der Rhetorik, Jurisprudenz und Philosophie beschäftigte er sich auch intensiv mit der griechischen und römischen Literatur und Geschichte. Von 79 bis 77 v. Chr. unternahm er eine Bildungsreise nach Griechenland. Er absolvierte die verschiedenen Stufen der römischen **Ämterlaufbahn**, die ihn als „homo novus", als Politiker der nicht aus einer alten römischen Adelsfamilie stammte, zu den höchsten Staatsämtern befähigte (im Jahr 69 v. Chr. kurulischer Aedil, im Jahr 66 v. Chr. Prätor und im Jahr 63 v. Chr. Konsul). Sein politisches Ziel bestand darin, die Machtstellung des Senats zu sichern. Dabei ging er sowohl in seinen berühmten Reden als **Rechtsanwalt** als auch in seinen politischen Reden davon aus, dass Nobilitas und Virtus, also Adel und Tüchtigkeit, notwendigerweise zusammengehören mussten.

Großen Ruhm aber auch Feinde erwarb er sich durch die Unterdrückung der Verschwörung von Catilina. Catilina stammte aus altadeliger Familie und verfolgte den Plan, die angesehensten Konsulare zu ermorden und zwei seiner Gesinnungsgenossen zu Konsuln auszurufen. Nach seinem Konsulat konnte Cicero sich weder gegen den alten Adel noch gegen das Triumvirat von Pompejus, Cäsar und Crassus durchsetzen und wurde sogar 58 bis 57 v. Chr. verbannt. Nach seiner Rückkehr hatte er keinen politischen Einfluss mehr und widmete sich seiner schriftstellerischen Tätigkeit. Dies ist auch die Zeit, in der die **Hauptwerke** „De oratore" (Über den Redner), „De re publica" (Über den Staat) und „De legibus" (Über die Gesetze) entstanden. Im Jahr 51 v. Chr. war Cicero Stadthalter in Kilikien (Region im Süden der heutigen Türkei).

Im Bürgerkrieg entschied er sich gegen Cäsar, lehnte wegen seiner republikanischen Gesinnung, die im Widerspruch zu Cäsars Anspruch auf Alleinherrschaft stand, ein weiteres politisches Engagement ab und wandte sich wieder seiner literarischen Tätigkeit zu.

Nach Cäsars Ermordung (44 v. Chr.) war Cicero 44 bis 43 v. Chr. wiederum Führer der Senatspartei und kämpfte politisch gegen Marcus Antonius. Nachdem sich Antonius mit Oktavian (dem späteren Kaiser Augustus) und Lipidus im zweiten Triumvirat zusammengeschlossen hatte, musste Cicero seine politische Tätigkeit endgültig aufgeben und wurde am 7. Dezember 43 v. Chr. im Auftrag des Antonius auf der Flucht in den Osten ermordet.

Menschenbild

In den Schriften Ciceros werden im Vergleich mit dem Griechen Aristoteles die veränderten politischen Rahmenbedingungen im Römischen Reich deutlich. Schon bei der Beschreibung der **Stellung des Menschen in der Gesellschaft** steht nicht mehr so sehr die Eingebundenheit des Menschen in der Polis, also in einer überschaubaren politischen Gemeinschaft im Mittelpunkt, sondern der Mensch wird in seiner Funktion als vernunftbegabtes Wesen, als Bürger in einer Rechtsgemeinschaft gesehen.

Ausgangspunkt seiner anthropologischen Überlegungen ist die Annahme, der Mensch strebe nach „Ordnung und Maß“ [2]. Als vernunftbegabtes Wesen ist der Mensch nach Cicero nicht nur zum logischen Denken in der Lage, er kann also nicht nur Schlussfolgerungen ziehen, ursächliche Zusammenhänge sehen oder Entwicklungen beobachten. Diese Erkenntnisfähigkeit, ja der Drang zur Erkenntnis und der Forschungstrieb nach Wahrheit, sind darüber hinaus das verbindende Element zwischen den Menschen und Grundlage ihrer Gemeinschaft. Zur „Natur“ des Menschen zählen neben der Kraft des Denkens und der Sprache („Logos“) die Liebesfähigkeit zu den Kindern ebenso wie das Streben nach einer geselligen „kulturellen“ Lebensform. Der Mensch entwickelt ein Verantwortungsgefühl für den Schutz und die Versorgung seiner Mitmenschen und diese Sorge gibt seinem Geist Auftrieb.

Gesellschaftsauffassung

Die in dieser Argumentation sehr deutlich hervortretende starke Betonung der **Rationalität des Menschen**, die selbst in der Gemeinschaftsbildung wirksam ist, wird ebenfalls sichtbar bei Ciceros Beschreibung des gesellschaftlichen Lebens. Die menschliche Gemeinschaft zeichnet sich, so Cicero, dadurch aus, dass es sich bei ihr um einen Zusammenschluss einer größeren Menschenzahl handelt, „der auf der Grundlage einer **Rechtsvereinbarung** und einer Interessengemeinschaft erfolgt ist“ (Über den Staat, I, 39 [3]).

Diese Begründung ist natürlich noch keine Vertragstheorie in dem Sinne, wie sie bei den politischen Ideen von Thomas Hobbes, John Locke oder Jean-Jacques Rousseau zu finden ist (vgl. S. 27 ff.). Doch ist im **Vergleich zur aristotelischen Auffassung** deutlich zu sehen, dass bei der Frage nach der Notwendigkeit der Gesellschaft die Entscheidung des Individuums unter dem Gesichtspunkt des persönlichen Nutzens steht.

2 Marcus Tullius Cicero: Vom pflichtgemäßen Handeln (De officiis) I, 14; Übers./Hg. Karl Atzert, München
3 Marcus Tullius Cicero: Über den Staat (De re publica); Übers./Hg. Walther Sontheimer, Stuttgart 1998; im Folgenden zitiert als „Staat“

Cicero war neben seiner politischen Tätigkeit im Senat von Rom auch ein begabter Redner.

Wenn einerseits die stärkere Betonung der Individualität sichtbar wird, so geht Cicero andererseits, wie Aristoteles, von der allen Menschen von Natur aus gegebenen **Eigenschaft zur Gemeinschaftsbildung** aus. Demnach handelt es sich bei dem Menschengeschlecht nicht um Einzelindividuen und Einzelgänger, sondern es ist von Grund auf so veranlagt, dass der Mensch, mag er in noch so reichem, allseitigem Überfluss leben, in seiner Vereinzelung nicht bestehen kann. Der Mensch ist vielmehr so beschaffen, dass er nicht einmal bei einem Überfluss an allen Dingen der Mithilfe und der Anteilnahme seiner Umwelt entbehren kann. Hieraus ergibt sich für Cicero jedoch eine **Verpflichtung gegenüber der Gemeinschaft**, sich für öffentliche Angelegenheiten einzusetzen, um den Staat nicht dem Egoismus weniger Politiker zu überlassen.

Rechtsauffassung

Sowohl im anthropologischen Ansatz als auch in der Gesellschaftsauffassung kommt die für das römische Denken bedeutsame Rechtsauffassung zum Ausdruck. Besonders gilt dies für die **Unterscheidung zwischen Naturrecht und positivem Recht**, die bis zum heutigen Tage Grundlage des abendländischen Rechtsverständnisses ist.

Unter dem **positiven Recht** wird das vom Staat „gesetzte" Recht verstanden, das den Wertbegriff Gerechtigkeit unberücksichtigt lässt. Es umfasst alle im Staat geltenden Rechtsnormen. Das Zivilrecht oder Privatrecht beschreibt die Rechtsverhältnisse der Bürger untereinander (z. B. Eherecht oder Eigentumsrecht). Das Strafrecht beschreibt die Gegenstände, die in einem Staat unter Strafe gestellt sind und setzt das entsprechende Strafmaß fest. Im Öffentlichen Recht hingegen geht es um die Festlegung der Beziehungen zum einen zwischen den staatlichen Organen untereinander und zum anderen zwischen Bürger und Staat.

Das **Naturgesetz** ist nach Cicero durch **Vernunfteinsicht** zu erkennen. Es gilt für alle Völker zu allen Zeiten. Die im Naturgesetz einsehbaren Prinzipien gelten für alle Menschen und können nicht durch staatliches Gesetz eingeschränkt werden. Die Akzeptanz von natürlich vorgegebenen Rechten, die dem

Menschen als Mensch zustehen, hat innergesellschaftliche und völkerrechtliche Konsequenzen. **Innergesellschaftlich** bedeutet dies, dass auf das Gemeinwohl Rücksicht genommen werden muss.

Dieses Gemeinwohl wird bei Cicero als Übereinstimmung des Nutzens eines Einzelnen mit dem Nutzen der Gesamtgesellschaft gesehen. Nur so bleibt die **Gerechtigkeit** gewahrt, die nach Ciceros Meinung „die einzige Herrin und Königin aller Tugenden" (Staat, III, 28) ist. Ein Leitsatz gilt deshalb für alle Menschen: Der Nutzen des Einzelnen deckt sich mit dem der Gemeinschaft. Wenn jeder nur zu seinem eigenen Vorteil handelt, bedeutet dies die Auflösung jeglicher menschlicher Gemeinschaft.

Die **völkerrechtlichen Konsequenzen** des anthropologischen Ansatzes und der Gesellschaftsauffassung bestehen in den Überlegungen zum gerechten Krieg. Zunächst ist davon auszugehen, dass die Existenz der Staaten und deren Verfassungen naturrechtlich vorgegeben sind. Ihre Zerstörung widerspricht dem Naturrecht. Deshalb sind **Kriege, die ohne Grund unternommen werden, ungerecht**. Nur dann kann laut Cicero ein Krieg als gerecht angesehen werden, wenn es sich darum handelt, Rache an Feinden zu üben oder diese abzuwehren. Krieg gilt für ihn als ungerecht, wenn dieser unangekündigt oder nicht formell erklärt ist und wenn er nicht aus Gründen der Wiedergutmachung geführt wird.

Staatsformenlehre

In der Staatsformenlehre des Cicero fließen die eigenen politischen Erfahrungen in seinem Kampf für die „Ausgewogenheit" zwischen der Optimaten- und Popularenpartei ein. In seiner praktischen Politik versucht er zwar, die senatorischen Vorrechte zu verteidigen und auszubauen, betreibt dieses Vorhaben jedoch nicht um jeden Preis. Es geht ihm um die Republik in ihrer Gesamtheit. Tugendhafte Optimaten sollen sich für das Gemeinwohl einsetzen und die Stabilität der Republik garantieren. Des Weiteren ist in seiner Staatsformenlehre der unmittelbare **Zusammenhang zwischen den anthropologischen Überlegungen und den politischen Ordnungsvorstellungen** zu sehen.

Deshalb ist es verständlich, dass er sich für eine **Mischverfassung** einsetzt, in der die Vorteile der Aristokratie, der Demokratie und der Monarchie eingebunden und deren Nachteile und Entartungen verhindert werden. Dabei geht er grundsätzlich, wie dies schon bei Aristoteles zu sehen war, von der Notwendigkeit der Führung einer Gemeinschaft, also von der **Notwendigkeit politischer Herrschaft** aus.

Die politische Herrschaft ist verknüpft mit der Kontinuität **staatlicher Institutionen**. Ihre Funktion besteht nach Cicero darin, feste Regeln für das Zusammenleben der Menschen vorzugeben. Die Besetzung der Herrschaftspositionen soll sich nach einem – sehr modern anmutenden, jedoch auch schon bei Aristoteles erwähnten – Prinzip ausrichten, dem **regelmäßigen Wechsel in den Herrschaftspositionen**. Dieser Wechsel bewirkt, dass diejenigen, die Herrschaft auf Zeit ausüben, auch später bzw. vorher als Staatsbürger, also als Herrschaftsunterworfene, erfahren können, welche Auswirkungen und Folgen politische Entscheidungen haben.

> Denn auch einer, der seine Regierungsgeschäfte gut versteht, muss notwendig einmal ein Untertan gewesen sein, und einer, der sich als disziplinierter Untertan erweist, scheint würdig, dereinst die Regierungsgeschäfte zu übernehmen. Deshalb sollte der Untertan von der Hoffnung erfüllt sein, einmal zu regieren und der Regierende sollte daran denken, nach kurzer Zeit wieder ein Untertan sein zu müssen. (Über die Gesetze, III, 5 [4])

Die **Kritik** an den klassischen Staatsformen, der Monarchie, der Aristokratie und der Demokratie, enthält vor dem Hintergrund dieser Überlegungen viele **pragmatische**, also an der praktischen politischen Realisierung ausgerichtete Elemente. Diese Überlegungen sind bei Cicero allerdings wiederum mit der Frage verknüpft, wie die verschiedenen Interessen innerhalb der Gesellschaft und die Freiheit der Mitwirkung sowie die Freiheit bei der Besetzung politischer Ämter realisiert werden können.

In der **Monarchie** sind die **Menschen Knechte**, unabhängig davon, so Cicero, ob es sich um einen milden Herrscher handelt, der für sein Volk sorgt wie ein gütiger Vater. Auch in einem solchen Fall haben die Menschen keine „Mitwirkung bei der ausübenden Gewalt, bei der staatlichen Planung, bei der Entscheidung auserlesener Richter" (Staat, I, 47). Insofern relativieren sich für Cicero die Unterschiede zwischen der Monarchie und der Tyrannis, so wie sie Aristoteles unter dem Gesichtspunkt der Gemeinwohlorientierung herausgestellt hat. Ähnliches gilt auch für die **Aristokratie**, die von den Befürwortern als die Herrschaft der Besten und Tüchtigsten bezeichnet wird. Ciceros kritische Fragen beziehen sich darauf, ob das Volk, wenn es die „Männer auswählt, denen es seine Geschichte anvertrauen will" (Staat, I, 51), beurteilen kann, was wirkliche Tüchtigkeit für den Staat ist und wie verhindert wird, dass der Staat in die Hände von Ungeeigneten gerät, die nur die eigenen Interessen verfolgen.

Die **Demokratie** hat für Cicero zunächst den Vorteil, dass das Volk nicht der Gewaltherrschaft eines Einzelnen oder weniger Unfähiger unterworfen ist und dass das „hervorragendste Maß an Freiheit und Wohlfahrt erreicht" wird. Die Völker in den demokratischen Verfassungen sind, so argumentieren nach

4 Marcus Tullius Cicero: Über die Gesetze (De legibus); Übers./Hg. Elmar Bader, Leopold Wittmann, München 1969

Cicero die Befürworter der Demokratie, „die Herren über Gesetzgebung und Rechtsprechung, über Krieg und Frieden, über Bündnisse, über Leib und Leben jedes Einzelnen, über Geld und Gut. Das, glauben sie, werde allein rechtmäßig ‚Gemeinwesen', das heißt ‚Volkssache', genannt." (Staat, I, 48). Damit entspricht die Demokratie weitgehend dem **Prinzip der Rechtsgleichheit**.

Diese wird von der **sozialen Gleichheit**, nach der die Vermögen gleich verteilt sind, und von der **individuellen Gleichheit** unterschieden. Gleichheit der Individuen kann es nach Meinung Ciceros nicht geben, da die geistigen Veranlagungen nicht gleich sein können. Die zu fordernde Rechtsgleichheit beruht auf dem positiven Gesetz, das als „Bindeglied der bürgerlichen Gemeinschaft das Recht schafft, welches jedem gleichermaßen zusteht" (Staat, I, 48 f.).

Aber auch die Demokratie kann nach Cicero nicht als alleiniges Modell für die Ausgestaltung der politischen Ordnung herangezogen werden, beurteilt man sie nach dem Gerechtigkeitsprinzip. Denn selbst in Demokratien kann die Rechtsgleichheit nicht „durchgehalten" werden, da die Völker bestimmten Menschen für staatliche Funktionen viele Vorteile einräumen. Dadurch vollzieht sich unter diesen „eine weitgehende Auswahl der Menschen und eine Abstufung der ihnen zuzuteilenden Würde" (Staat, I, 53). Hieraus ergibt sich nun wieder die Ungerechtigkeit, wenn denjenigen, die wichtigere Aufgaben für den Staat erbringen, dieselben Würden zugestanden werden wie anderen mit geringerem Beitrag für die öffentlichen Aufgaben. Hier wird die aristotelische Vorstellung von der Verkehrsgerechtigkeit und der austeilenden Gerechtigkeit deutlich. Cicero argumentiert, dass Gleichheit, wenn den Höchsten und Niedersten (die es naturnotwendig in jedem Volk gibt) die gleiche äußere Ehre zugeteilt wird, den höchsten Grad der Ungleichheit bedeutet.

Die von Cicero propagierte **Mischverfassung** garantiert deshalb Ausgeglichenheit zwischen den Interessen der verschiedenen Stände und ist seiner Meinung nach die größte Garantie dafür, dass eine politische Ordnung nicht in eine Gewaltherrschaft umschlägt. Drei **Voraussetzungen** sind dabei zu erfüllen: Zuerst muss in dem Staatswesen eine **monarchische Spitze** vorhanden sein. Des Weiteren bedarf es einer zweiten Kraft, durch die der Einfluss der **politischen Führungsschicht** repräsentiert wird.

Außerdem müssen gewisse Aufgabengebiete dem Urteil und der **Willensäußerung der großen Masse** des Volkes vorbehalten bleiben. Eine nach diesen drei Bedingungen geformte Verfassung gewährleistet zum einen ein hohes Maß an Ausgeglichenheit, auf das freie Menschen dauerhaft kaum verzichten können, und zum anderen auch Sicherheit vor den „schlechten" Staatsformen, da sich die drei Kräfte gegenseitig kontrollieren.

Die Grafik der **Verfassung der Römischen Republik** stimmt in der Grundstruktur mit den Vorstellungen von Cicero überein. Die Römische Republik besaß eine Mischverfassung mit einer starken aristokratischen Grundstruktur.

Die Verfassung der Römischen Republik nach den Ständekämpfen (5. und 4. Jh. v. Chr.)

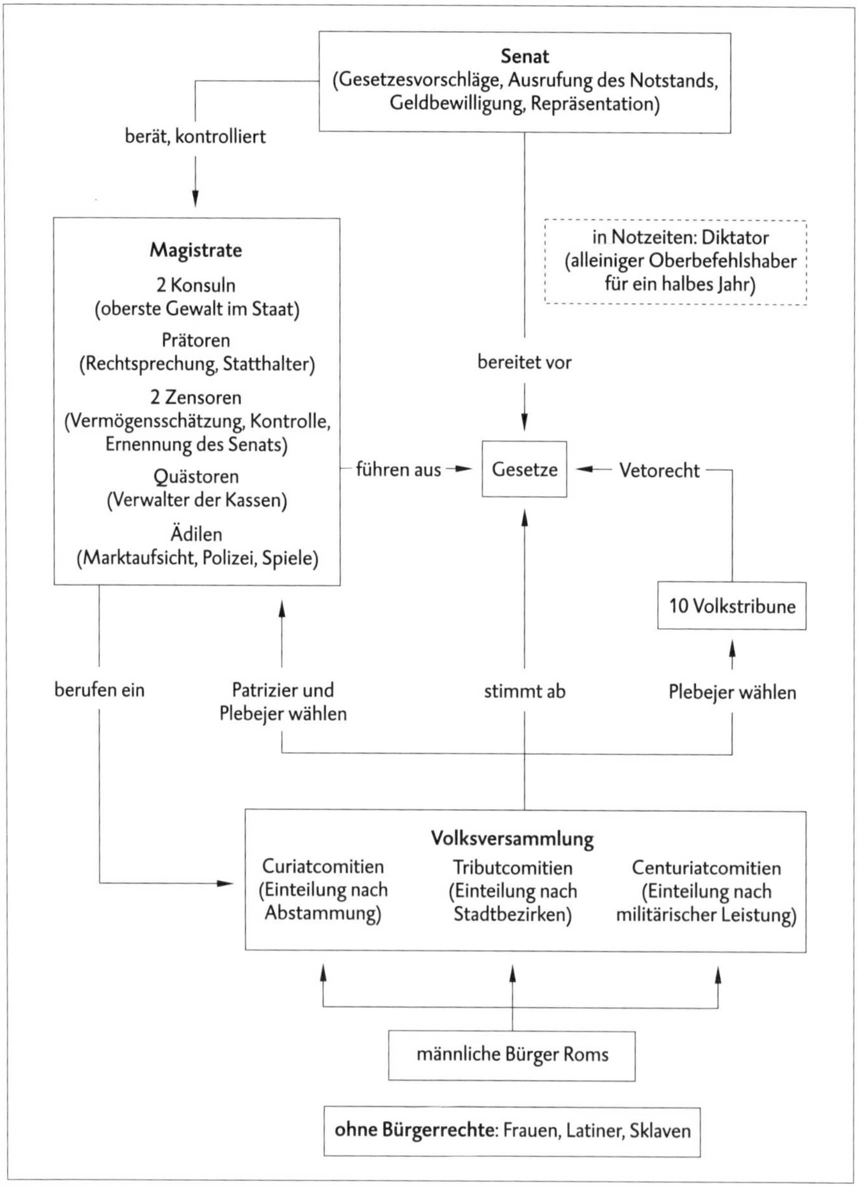

Die staatlichen Institutionen gliederten sich in die drei Bereiche Senat, Magistrate und Volksversammlung (lat. *comitia*). Im Gegensatz zu Athen waren die Zusammensetzung und Kompetenzen der beschließenden Versammlungen sowie die Gewichtung der Stimmen unterschiedlich.

Volljährige männliche Bürger Roms wurden nach bestimmten Grundsätzen in drei verschiedenen Abteilungen zusammengefasst. Das älteste Prinzip war die Curie. Diese Verwaltungseinheiten gliederten sich nach der Herkunft ihrer Bürger. Eine militärische Einheit, die Centurie, bildete die organisatorische Grundlage für die Centuriatcomitien. Das politische Stimmrecht war hier nach wirtschaftlicher Leistungsfähigkeit (timokratisches Prinzip) abgestuft.

Die Tributcomitien organisierten sich nach lokalen Bezirken (lat. *tribus*). Diese ehemaligen Versammlungen der Plebejer (concilicum plebis; lat. *plebs*: Menge) stellten ein demokratisches Gliederungsprinzip dar, da weder Abstammung noch sozialer Stand entscheidend waren. Die Volksversammlung hatte kein Initiativrecht. Entsprechend der Abteilung und dem damit verbundenen Aufgabenbereich konnten die Bürger lediglich über Vorlagen, Gesetze oder bei Wahlen über Kandidaten abstimmen, nicht aber beraten.

Die aristokratische Ordnung wurde besonders in der überstarken Stellung der vornehmlich aus der Oberschicht stammenden Beamten (lat. *magistratus*) deutlich. Einzig diese Magistrate hatten unter anderem das Recht, die Volksversammlung einzuberufen, Anträge zu initiieren oder Gesetzesvorlagen einzubringen. Die Ämter waren hierarchisch strukturiert. Die höchsten Magistrate (Konsuln, Prätoren, Diktator) besaßen außerdem die Kommandobefugnis über das Heer (lat. *imperium*).

Das Zentrum der politischen Macht lag beim Senat, der ursprünglichen Versammlung der „Alten“ (lat. *senex*). Seine Mitglieder wurden nach bestimmten Regeln von einem Zensor ernannt. Die Ämterlaufbahn, die Leistungen im öffentlichen Bereich und das Alter der Senatoren bestimmten deren Rangfolge und politisches Gewicht. Dementsprechend wurde der Senat praktisch nur vom kleinen Kreis der ehemals höchsten und einflussreichsten Beamten gesteuert.

Bedeutung der politischen Theorie

In der politischen Theorie von Cicero spiegeln sich viele Aspekte römischen Denkens wider. Folgende Gesichtspunkte machen die Bedeutung seiner Theorie für das abendländische Denken und auch für heutige politische Ordnungsvorstellungen vor allem aus:

- Die (im Vergleich zur aristotelischen Auffassung) stärkere Betonung der Rationalität des Menschen und der Orientierung am persönlichen Nutzen bei seiner politischen Tätigkeit.

- Die starke Orientierung am Recht als der Grundlage für die politische Ordnung, deren Funktion nicht zuletzt in Regelungen der sozialen Konflikte zwischen den gesellschaftlichen Gruppen gesehen wird. Hierbei wird heute der Naturrechtsgedanke als Grundlage für das Zivilrecht (z. B. das Eherecht), das Öffentliche Recht (alle Rechtsvorschriften, z. B. die die Ämterlaufbahn regeln) und das Strafrecht (bei Diebstahl, Mord etc.) besonders betont. Aber auch die Überlegungen zum Völkerrecht, besonders zu der Frage gerechter Kriege, prägt bis heute das politische Denken.
- Die Bedeutung der Ämterherrschaft im Rahmen der Mischverfassung, in der es zu einem dem Gemeinwohl dienenden Interessenausgleich kommen soll. Dass die Wahrnehmung der politischen Aufgaben in den Ämtern der Republik dem Gemeinwohl und nicht dem Eigennutz dienen soll, ist eine von der Zeit unabhängige Forderung.

Das christliche Abendland beim Übergang vom Mittelalter zur Neuzeit

Im Folgenden werden zwei politische Theoretiker dargestellt, die in ihren Aussagen nicht unterschiedlicher sein könnten: Aurelius Augustinus (354–430), Philosoph zur Zeit des Übergangs von der Spätantike zum Mittelalter, und Niccolò Machiavelli (1469–1527), Denker an der Schwelle zur Neuzeit. Die Beschäftigung mit diesen Theoretikern – der eine, Augustinus, seit 395 Bischof, der andere, Machiavelli, Staatsbeamter in der Republik Florenz – vermittelt Einblicke in das mittelalterliche Denken und die politische Philosophie zu Beginn der Neuzeit und zeigt den Einfluss, den diese Denker auf die weitere Entwicklung der politischen Theorie des christlichen Abendlandes hatten.

Spätantike und Mittelalter

Das **Mittelalter** bezeichnet eine Epoche der europäischen Geschichte zwischen der Antike und der Neuzeit, die ungefähr zur Zeit der Völkerwanderung (4. bis 6. Jahrhundert) und dem Untergang des Weströmischen Reiches im Jahre 476 bzw. dem Einbruch des Islam in den europäischen Raum beginnt. Sie dauert an bis zum Beginn der Renaissance Anfang des 16. Jahrhunderts, dem Untergang des Byzantinischen Reiches und der Entdeckung Amerikas.

Bei der Belagerung Roms durch den Ostgotenkönig Vitiges im Jahr 537 opferten die Römer Götterstatuen zur Abwehr der Angreifer. Unter Kaiser Konstantin wurde die christliche Kirche in Rom zur Staatsreligion.

Der Begriff bezieht sich in erster Linie auf die Geschichte des christlichen Abendlands vor der Reformation und wird kaum im Zusammenhang mit anderen Kulturen verwendet. Grundzüge des Mittelalters sind die nach Ständen geordnete Gesellschaft, die gläubig christliche Geisteshaltung in Literatur, Kunst und Wissenschaft, Latein als gemeinsame Kultur- und Bildungssprache, die Idee der Einheit der christlichen Kirche (die zwar faktisch nach dem großen Schisma nicht mehr bestand) und ein relativ einheitliches Weltbild. Der Begriff Mittelalter wurde von den Humanisten im 16. Jahrhundert geprägt und hatte von Beginn an einen negativen Beiklang. Dies lag daran, dass die Humanisten das „mittlere Zeitalter" als „dunkle" Epoche zwischen der Antike und ihrer eigenen Zeit verstanden, in dem eine kulturelle Leere geherrscht hatte. In der Romantik wurde das Mittelalter dann aber wieder positiver gesehen.

Aurelius Augustinus: Der Kampf zwischen Gut und Böse

Biografie

Augustinus (354–430) wurde in Thagaste (Algerien) geboren. Er war nicht getauft, wurde aber von der Mutter streng christlich erzogen. Ab 371 studierte er Rhetorik in Karthago. Durch die Sprache der Bibel und sachliche Unstimmigkeiten abgeschreckt, begann er antike Philosophen wie Aristoteles, Cicero und Platon zu studieren und wandte sich dem Manichäismus zu, einer Erlösungsreligion des 4. Jahrhunderts, die von einer dualistischen Teilung des Universums in die Reiche des Guten und des Bösen ausging. 383 wurde Augustinus Rhetoriklehrer in Rom, 384 berief man ihn an den Hof nach Mailand. Hier kehrte er sich von den Ideen des Manichäismus ab und machte Bekanntschaft mit Bischof Ambrosius und dessen neuplatonischem Christentum. 386 kehrte Augustinus Beruf und Karriere den Rücken und zog sich für ein Jahr ins Eremitendasein zurück. 387 erfolgte Ostern die christliche Taufe durch Ambrosius, nachdem Augustinus die christliche Lehre als einzige Richtschnur für seine zukünftigen philosophischen Bemühungen erkannt hatte. Im Jahr 391 reiste er nach Hippo Regius (Nordafrika), wo er zum Priester geweiht wurde. Hier begann er seine Lehr- und Priestertätigkeit und wurde 396 Bischof in Hippo Regius. Augustinus starb während der Belagerung Hippos durch die Vandalen. In Hippo Regius schrieb Augustinus sein Hauptwerk „De civitate dei" (Vom Gottesstaat).

Menschenbild

Aus der Biografie wird schon deutlich, dass das Menschenbild von Augustinus in der Theologie begründet ist. Danach sind die Welt und der Mensch von Gott geschaffen. In weiten Teilen seines Werkes wendet er sich deshalb gegen den Götterglauben der Römer und stellt Gott als den „Urheber und Spender allen Glücks dar“ (Vom Gottesstaat, Bd. 1, Buch IV, 33; 216 ff.[5]). Durch den Sündenfall Adams sei die menschliche Natur von Grund auf verderbt und auf die göttliche Gnade angewiesen. Dieses Bild des Menschen beherrschte das Denken des Mittelalters bis hin zur Renaissance.

Zwei-Reiche-Lehre

Prägend für das mittelalterliche Weltbild ist die „Zwei-Reiche-Lehre“ von Augustinus, die dieser vor dem Hintergrund seiner theologischen Anthropologie entwirft. Danach stehen sich zwei Reiche gegenüber, das „civitas dei“, das Gottesreich, und das „civitas terrena“, das irdische Reich, die im Kampf miteinander liegen. Obwohl auf der Erde viele Völker mit mannigfachen Sitten und Bräuchen leben und sich durch vielfältige kulturelle Besonderheiten unterscheiden, gibt es nach Augustinus trotzdem nur „zwei Arten menschlicher Gemeinschaft, die wir mit unserer Heiligen Schrift sehr wohl zwei Staaten nennen können. Der eine besteht aus den Menschen, die nach dem Fleisch, der andere aus denen, die nach dem Geist leben wollen“ (Gottesstaat, 1, XIV, 154).

Die beiden Reiche darf man jedoch nicht als konkrete politische Gemeinschaften verstehen. Sie beschreiben vielmehr, welche Möglichkeiten der menschlichen Existenz es geben kann. Die Bürger des Gottesstaates zeichnen sich durch Demut, Friede des Herzens, Gottesliebe und Gehorsam aus, diejenigen des Weltstaates durch Selbstsucht, Mehrung der irdischen Güter, Eigenliebe, Scheinfrieden und das Bestreben, andere zu beherrschen.

Die Geschichte der beiden Reiche setzt nach Augustinus bei der Schöpfung der Welt ein. Mit Kain und Abel wird erstmals die Trennung in zwei Individuen sichtbar – seitdem vollzieht sich die Entwicklung in einem steten Neben- und Gegeneinander innerhalb verschiedener Perioden.

Das Ringen endet im **Jüngsten Gericht**, das der endgültigen Trennung vorangeht und den Bürgern des Gottesreiches den Genuss des ewigen Friedens gewährt. Die einzelnen Menschen sind jedoch nicht definitiv einer der beiden Reiche zuzuordnen, denn diese sind vielfältig miteinander vermischt und existieren gleichzeitig auf Erden. Zu den himmlischen Erwählten zählen **nicht** die

5 Augustinus: Vom Gottesstaat (De civitate dei), 2. Bände; Übers./Hg. Wilhelm Thimme, München 1997; im Folgenden zitiert als „Gottesstaat“

einzelnen Institutionen, wie **die Kirche**, sondern eher die einzelnen Menschen, „die im Herzen demütige Bürger der Himmelsstadt sind.“ (Gottesstaat 1, I, 35). Bei Augustinus wird kein einzelnes Volk betrachtet, sondern er bezieht das gesamte Menschengeschlecht, das von einem Urelternpaar (Adam und Eva) abstammt, in seine Überlegung mit ein.

Staatsauffassung

Im Rahmen einer solchen Interpretation der Menschheitsgeschichte relativiert sich der irdische Staat und dessen Vernunft- und Moralanspruch. Der zentrale **Unterschied** gegenüber der klassischen Staatsauffassung nach **Aristoteles und Cicero** ist, dass Augustinus es ablehnt, den Staat als eine Gemeinschaft zur Vervollkommnung seiner Bürger anzusehen. Moralische Qualitäten beruhen einzig auf der Einstellung des Menschen zu Gott. So kann nach Augustinus Gerechtigkeit auch kein zentrales Merkmal des Staates sein. Der irdische Staat hat den vornehmlichen Zweck, den Frieden zu sichern und dem Menschen so zu helfen, sich auf das jenseitige Leben vorzubereiten.

Der Mensch am Scheideweg zwischen dem sündigen Babylon und dem himmlischen Jerusalem.

Trotzdem muss nach Augustinus im Staatsleben **Gerechtigkeit** herrschen, denn da wo sie fehlt, kann man nicht von Staat, sondern nur von einer „Räuberbande“ sprechen. Jeder Staat strebt nach Ordnung im Innern und Frieden nach Außen und gerade dies unterscheidet ihn von der Räuberbande. Wird die Gerechtigkeit in einem Staat vernachlässigt, sucht die Menge nur ihren Privatvorteil und nicht den Nutzen der Gesamtheit. In diesem Fall ist es einem „tüchtigen Mann“ gestattet, dem Volk die Herrschaft zu nehmen und einigen, wenigen oder auch nur einem Einzelnen zu übertragen. Die Staatsautorität, die letztlich auf Gott zurückgeht, hat ein Recht auf Gehorsam in weltlichen Belangen. Verlangt sie Sündhaftes, hat man **Gott mehr zu gehorchen als dem Menschen**. Der Mensch im Staat untersteht also dem Recht, hat aber auch selbst Rechte. Er ist seiner Natur nach nicht für die

Sklaverei geschaffen, denn er soll über die Tiere, nicht aber über das Ebenbild Gottes, sich selbst, herrschen. So darf die Frau nicht Sklavin des Mannes sein, denn sie hat die gleichen Rechte wie er, soll aber seine Autorität anerkennen.

Bedeutung der politischen Theorie

Die Bedeutung der augustinischen Lehre für die nachfolgenden Theorien besteht zunächst in der Abgrenzung und christlichen Neuinterpretation der antiken Politikauffassung. Die Menschheit wird als Ganzheit gesehen, die gemeinsame Abstammung bildet die Einheit zwischen allen Menschen. Deshalb wird das Werk Augustinus', was seine **Folgewirkungen** anbetrifft, das Vorbild einer christlichen Geschichtsauffassung. Augustinus verstand die Geschichte linear, nicht zyklisch. Obwohl die rein menschlichen Bemühungen weiter durch Aufstieg und Niedergang geprägt waren, war die Geschichte nach Augustinus eine Bewegung hin auf ein Ziel, das man nicht auf Erden erreichen konnte, das Gottesreich. Darüber hinaus grenzt sich nach dieser Auffassung das Christentum als monotheistische Religion von der Mythologie der Antike mit ihrer Vielfalt von Gottheiten ab. Staat und Religion sind für Augustinus nicht mehr eins. „Vom Gottesstaat" wurde in vielerlei Hinsicht zum **Leitbild des mittelalterlichen Staates**. Das erbitterte Ringen zwischen dem mächtig gewordenen Papst und dem deutschen Kaiser führte zu einer Vereinfachung der Theorie und zur Gleichsetzung des Gottesreiches mit der Kirche und des irdischen Reiches mit dem Staat. Der Grund für dieses Bild vom „Gottesstaat" war die Auffassung, dass nur die Kirche das Recht besitzt, staatliche Macht zu verteilen, da es dem irdischen Staat an Gerechtigkeit fehlt. In der Neuzeit trug die augustinische Lehre zudem erheblich zur Entstehung des Gedankens einer idealen **Friedensordnung** bei.

Neuzeit

In die historische Epoche der Neuzeit (15./16. Jahrhundert) fällt das Zeitalter der Reformation und der Renaissance, der Entdeckungsreisen und der Geistesströmung des Humanismus. Wichtige Entwicklungen waren die „Europäisierung" der Erde (Kolonien), die Säkularisation, die Emanzipation des Bürgertums, die ihren Ausdruck in der amerikanischen und französischen Revolution fand, und der wirtschaftliche und soziale Umbruch der Industriellen Revolution. Diese Epoche kann als Zeitenwende angesehen werden, weil in Kunst, Wirtschaft, Technik und Politik in Europa revolutionäre Neuerungen stattfanden. Die Veränderungen waren Ausdruck und zugleich Ergebnis eines neuen Selbstverständnisses und Selbstbewusstseins des Menschen.

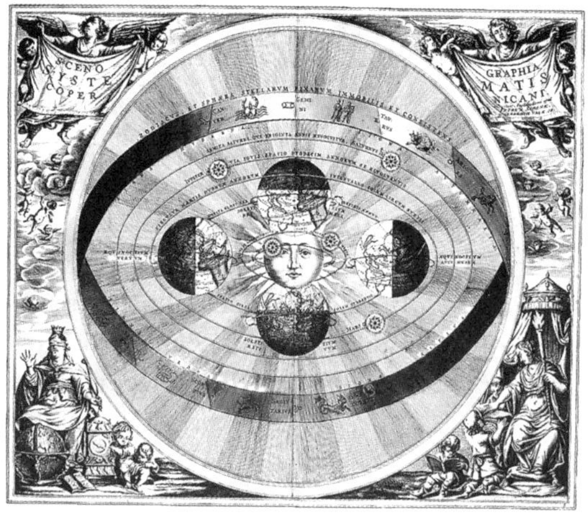

Luthers Thesen waren ein ebenso wichtiger Teil der Neuzeit wie die neue Weltsicht von Kopernikus.

Dabei spielte die Wiederbelebung (Renaissance frz. Wiedergeburt) der Antike insofern eine bedeutende Rolle, als im Gegensatz zum mittelalterlichen Welt- und Menschenbild der Mensch, seine Diesseitigkeit, die Entfaltung der Persönlichkeit sowie die Naturbeobachtungen wieder im Mittelpunkt standen. Besonders augenfällig wird diese Sicht u. a. in den Bildern von Leonardo da Vinci, Raffael oder Albrecht Dürer. Folgende Ereignisse verdeutlichen diese „Zeitenwende“: Die Erfindung des Buchdrucks (1452), die Spaltung des Abendlandes durch die Eroberung von Konstantinopel und die Vertreibung griechischer Gelehrter (1453), die Entdeckung des amerikanischen Kontinents durch Christopher Kolumbus (1492) und des Seewegs nach Indien (1498), der Anschlag der 95 Thesen an die Wittenberger Schlosskirche durch Martin Luther (1517) und die Festschreibung des heliozentrischen Weltbildes durch Kopernikus (1543). Zentrales Kennzeichen des Denkens der Neuzeit ist die Wendung gegen jede nicht durch Vernunft begründbare Autorität – das Prinzip der Selbsterhaltung des handelnden Menschen wird zum Ausgangspunkt des Denkens.

Niccolò Machiavelli: Stabilität als wichtigstes Ziel im Staat?

Niccolò Machiavelli (1469–1527) ist der politische Theoretiker, an dessen Überlegungen zum Ziel und zur Aufgabe der Politik man am deutlichsten den Bruch zwischen Mittelalter und Neuzeit und politische Aspekte der Renaissance aufzeigen kann. Er ist jedoch noch kein typischer Vertreter der Aufklärung, sondern steht an der Schwelle zur Neuzeit.

Biografie

Machiavelli wurde 1469 in Florenz geboren und erhielt eine umfassende Ausbildung. Er erlebte 1494 die Errichtung der Republik in Florenz und die Herrschaft des Dominikaner-Mönches Girolamo Savonarola, eines mit großem Sendungsbewusstsein ausgestatteten Bußpredigers, der in Florenz eine religiös geprägte Demokratie mit strengen Sittengesetzen errichtet hatte. 1498, nach dem Sturz des Dominikaners, begann die politische Karriere Machiavellis. Er bekleidete das Amt des Sekretärs der Zweiten Kanzlei, das Amt des Sekretärs des Rats der Zehn, war verantwortlich für die Errichtung einer Bürgermiliz und wirkte als Gesandter in mehr als 35 diplomatischen Missionen.

Italien wurde zu dieser Zeit zu einem Spielball hegemonialer Interessen Spaniens, Frankreichs und der Habsburger. Der französische König Karl VIII. befahl seine Truppen nach Italien. Mailand fiel, und auch Neapel wurde für kurze Dauer französisch. In Florenz wurden die Medici vertrieben. Italien wurde verwüstet, zerstückelt, seine politische Existenz vernichtet. 1512, mit der Rückkehr der Medici, folgte die Amtsenthebung und Verhaftung Machiavellis wegen Verdachtes der Verschwörung gegen die Medici. Er zog sich daraufhin auf sein Landgut in der Nähe von Florenz zurück und wurde gezwungenermaßen Schriftsteller. Im Exil schrieb er die „Discorsi", eine Analyse der Bedingungen der römischen Republik, und die viel diskutierte und dem Mediciherrscher Lorenzo di' Medici gewidmete Schrift „Der Fürst" (ital. *Il Principe*), die aufgrund ihrer Thesen häufig Anlass zu Spekulationen über das wirkliche Anliegen Machiavellis bot. 1524 und 1525 wurde er wieder in die Dienste seiner Heimatstadt übernommen, starb jedoch kurz später, im Jahre 1527, ohne dass sein Wunsch, Italien vereint zu sehen, erfüllt wurde.

Zeitbezug und Politikauffassung

Bei seinen Überlegungen zur Politik beschreibt Machiavelli weniger einen wünschenswerten Zustand als die Realität, so wie er sie in Florenz und in Italien zu seinen Lebzeiten beobachtet, und zieht daraus politische Schlüsse, die er dem Fürsten als Ratschläge unterbreitet. So gehört das Buch „Il Principe" zwar literarisch in die Gattung des Fürstenspiegels, die Ratschläge an den Herrscher unterscheiden sich aber von den mittelalterlichen Vorgängern dadurch, dass hier dem Fürsten kein moralischer Spiegel vorgehalten wird. Es enthält stattdessen **radikal-pragmatische Handlungsrichtlinien**, die zur politischen Realität Bezug nehmen.

Es ist das Ziel Machiavellis, den Zustand des politischen Chaos zu beseitigen. Eine wichtige Voraussetzung hierfür ist seiner Meinung nach, dass der Fürst dabei seine innere Macht gegen das Volk, Revolutionäre und Konkurrenten verteidigen muss, um erstens die **äußere Sicherheit des Staates** und zweitens den **inneren Frieden des Landes** herzustellen und zu erhalten. Dies sind nach Machiavelli die wichtigsten **Zwecke einer Fürstenherrschaft**.

Machiavelli geht also von einem **realistischen Politikbegriff** aus: „Da es aber meine Absicht ist, etwas Nützliches für den zu schreiben, der es versteht, schien es mir angemessener, der Wirklichkeit der Dinge nachzugehen als den bloßen Vorstellungen über sie." (Der Fürst, XV [6]). Der realistische Politikbegriff steht damit in krassem Widerspruch zu den Politikauffassungen, wie sie bei Aristoteles, Cicero oder Augustinus dargestellt wurden. Auch wenn diese Autoren die politische Realität beschrieben, so richtete sich ihr Erkenntnisinteresse direkt auf einen wünschenswerten Zustand, durch den die gute und gerechte Ordnung verwirklicht werden und auf eine Staatsordnung, die den Menschen zu einem guten Leben verhelfen kann. Für Machiavelli bedeutet zunächst einmal die Existenz des Staates, die seiner Meinung nach nur durch die Stabilität des Fürstentums garantiert wird, einen zu verwirklichenden Wert.

Menschenbild

Die realistische Politikbetrachtung setzt bei der Beobachtung des Menschen an. Diese sind nach Machiavelli „undankbar, wankelmütig, unaufrichtig, heuchlerisch und habgierig" (Der Fürst, XVII). Daraus ergibt sich für ihn die Warnung an den Fürsten: „Solange du ihnen Gutes erweist, sind sie dir völlig ergeben; sie bieten dir ihr Blut, ihr Leben und ihre Kinder, wenn [...] die Not fern ist; kommt diese dir aber näher, so begehren sie auf" (Der Fürst, XVII).

Politische Herrschaft

Dieses Menschenbild hat die Konsequenz, dass der Fürst die Fähigkeit erlernen muss, nicht gut zu sein. Diese „Tugend" müsse er nach dem „Gebot der Notwendigkeit" anwenden können. Deshalb werden die Begriffe der Notwendigkeit (necessità) und der Tugend (virtù) im Rahmen des realistischen Politikbegriffes in Abgrenzung von der antiken und mittelalterlichen Auffassung von Machiavelli neu interpretiert. **Necessità** bedeutet hier Handeln nach dem Gebot der Notwendigkeit, dann aber konsequent und wenn nötig auch unmoralisch zum Zweck der Selbstbehauptung. **Virtù** wird nicht mehr als christlich interpretierte Tugendhaftigkeit wie im Mittelalter verstanden, sondern am

6 Niccolò Machiavelli: Der Fürst (Il Principe); Übers./Hg. Philipp Rippel, Stuttgart 1997

weltlichen Verständnis orientiert, im Sinne von politisch-praktischer Tüchtigkeit, die sich am Erfolg messen lässt. Dabei hat das Ziel der Selbsterhaltung des politischen Gemeinwesens absolute Priorität. Virtù gilt als Inbegriff dessen, was geeignet ist, die Lebensfähigkeit und Stabilität des Gemeinwesens zu gewährleisten. So sind bei Machiavelli die Begriffe Politik und Moral voneinander getrennt. Für den Politiker zählt nur der Erfolg, die Wahl der Mittel muss ihm überlassen werden.

Deshalb gilt auch die mit Machiavelli immer in Verbindung gebrachte **Herrschaftsmethode**, nach der der Zweck die Mittel heiligt und das Volk eines „übergeordneten" Zieles wegen (z. B. der politischen Stabilität wegen) belogen werden darf: „Lass nur einen Fürsten siegen und seine Herrschaft behaupten, so werden die Mittel dazu stets für ehrenvoll gehalten und von jedermann gelobt werden" (Der Fürst, XIX). So predigt ein Fürst nichts anderes als „Frieden und Treue" und ist doch der ärgste Feind von beiden. Regiert er aber nach diesen Prinzipien, kann ihn dies sein Ansehen oder seine Herrschaft kosten.

Nach Machiavelli gelten demnach **folgende Prinzipien** für ein erfolgreiches **politisches Handeln**: Die Selbsterhaltung des Staates ist oberster Grundsatz. Sie kann als fundamentale politische Kategorie der Neuzeit angesehen werden. Insofern wird auch eine Eigenständigkeit der Politik gefordert und die Überordnung der kirchlichen über die weltliche Macht abgelehnt. Die Dauerhaftigkeit, innere Sicherheit und äußere Expansionsfähigkeit der staatlichen Gemeinschaft sind Handlungsmaximen eines Fürsten. Dieser darf aus Gründen der Staatsräson unmoralisch handeln, aber keine Tyrannis errichten. Neben dem Handeln nach den Prinzipien der Notwendigkeit und der Tugendhaftigkeit ist die militärische Kompetenz für den Erfolg des Fürsten entscheidend.

Bedeutung der politischen Theorie

Die politische Theorie von Machiavelli war insofern bahnbrechend, als sich die Politikanalyse auf die tatsächlichen Zustände richtete und nicht versuchte, die Bedingungen für einen idealen Staat, eine ideale Gesellschaft zu finden.

Die **Kritik** an dieser realistischen Politikauffassung besteht jedoch darin, dass sie implizit, also ohne dass dies besonders diskutiert würde, bestimmte Werte propagiert, wie z. B. die Verbindung zwischen dem Eigeninteresse des Fürsten und der Stabilität der Gemeinschaft. Eine Trennung von Moral und Politik ist nach allen historischen Erfahrungen Grundlage für die Zerstörung der Freiheit. Weiterhin ist zweifelhaft, ob aus der Beobachtung von Vorgängen in einer konkreten historischen Situation grundsätzliche Schlussfolgerungen über die Natur des Menschen und die Konsequenzen für politisches Handeln gezogen werden können. Insgesamt fehlen in den politischen Ordnungsvorstellungen Machiavellis die Überlegungen zur Mitbestimmung des Volkes, da er einerseits von einem negativen Menschenbild ausgeht und andererseits dem Fürsten zu schnell unterstellt, sich für die Interessen des Staates einzusetzen.

Wenn in der politischen Umgangssprache von **Machiavellismus** die Rede ist, wird dieser Begriff in der Regel polemisch verwendet und soll bei dem Zuhörer eine moralische Empörung hervorrufen. Denn der Begriff bezieht sich nicht auf die oben dargestellten Elemente von Machiavellis realistischer Politikauffassung, für die die Stabilität des Gemeinwesens und die damit verbundenen Auffassungen der necessità und virtù u. a. bedeutsam sind. Vielmehr wird alleine an die Auffassung Machiavellis gedacht, nach der der Fürst „oft gezwungen ist – um seine Herrschaft zu behaupten – gegen die Treue, die Barmherzigkeit, die Menschlichkeit und die Religion zu verstoßen“ (Der Fürst, XVIII). Einem Politiker, dem man „Machiavellismus“ nachsagt, wird also unterstellt, „zum bloßen Machterwerb“ oder zur Sicherung der Macht nicht nur seine eigenen Grundsätze und seine Freunde zu verraten, sondern auch – im übertragenen Sinne – „über Leichen zu gehen“.

Wird in der politischen Auseinandersetzung einem demokratischen Politiker ein solchermaßen gemeinter Vorwurf des Machiavellismus gemacht, so zeigt sich gerade hierin der polemische Kern dieses Begriffes, weil in Ansätzen zu beobachtende Eigenschaften völlig überzeichnet werden. Ein Politiker, der im demokratischen politischen Willensbildungsprozess erfolgreich sein will, ist gerade auf ein stabiles Netzwerk von Freunden und politischen Weggefährten angewiesen. Es widerspricht seinem Interesse, gegen Prinzipien der Treue oder Menschlichkeit zu verstoßen.

Die Überzeichnung wird auch daran deutlich, dass der so definierte Begriff unmittelbar auf Politiker in totalitären oder autoritären politischen Systemen zutrifft. Sowohl Stalin als auch Hitler sahen es als Bedingung ihrer Herrschaft an, die Weggefährten ihres politischen Aufstieges zu verfolgen, keine Barmherzigkeit walten zu lassen, eine menschenverachtende Politik zu betreiben und die Religionen, die als Konkurrenz zur jeweiligen Ideologie angesehen wurden, zu verfolgen. An der Übereinstimmung des Begriffes „Machiavellismus“ mit Prinzipien totalitärer Herrschaft zeigt sich, wie weit sich der Begriff aus der Umgangssprache von der Politikkonzeption Machiavellis entfernt hat.

Vertragstheorie: Individuum und Verfassungsstaat

Aufklärung: Glaube an die menschliche Vernunft

In den politischen Theorien des 17. und 18. Jahrhunderts werden einerseits die Erfahrungen der Religionskriege (1618–1648 Dreißigjähriger Krieg) und Bürgerkriege (1642–1689 englischer Bürgerkrieg) verarbeitet. Andererseits schlägt sich in ihnen die veränderte Weltsicht nieder, die nicht zuletzt durch die naturwissenschaftlichen Erfindungen in der Renaissance entstanden ist.

Die Ideen der Aufklärung wandten sich gegen absolute Herrscher wie den Sonnenkönig Ludwig XIV. und nahmen den Dreißigjährigen Krieg zum Anlass, über die Ordnungsfunktion des Staates nachzudenken.

Die Bedeutung der historischen Umstände für die Entstehung der politischen Theorien in dieser Zeit ist nicht zu unterschätzen. Die Geschehnisse bewirkten bei den verschiedenen Denkern jedoch oft sehr unterschiedliche Schlussfolgerungen für ihre Theorieentwicklung: Einige, wie John Locke, forderten zwar eine stabile politische Ordnung, sahen aber die wichtigste Aufgabe des Staates im Schutz des Individuums und seiner Rechte. Andere folgerten aus der Beobachtung der Gräueltaten in den Bürger- und Religionskriegen, dass nur ein starker Staat Frieden und Sicherheit garantieren kann. Zu Letzteren sind z. B.

Jean Bodin und Thomas Hobbes zu zählen. So stellt Bodin (1530–1596) in seinem Buch „Six livres de la République“ (1576) die Souveränität des Staates in den Mittelpunkt seiner politischen Theorie. Gegen den Souverän, der die Ordnungsfunktion des Staates zu erfüllen hat, gibt es kein aktives Widerstandsrecht und keine Gewaltenteilung. Der Inhaber der souveränen Gewalt ist nur an die Gebote Gottes, das Naturrecht und allgemeine Rechtsgrundsätze gebunden.

In der **Aufklärung** wurde eine intellektuelle Grundeinstellung gefordert, die die Voraussetzung für die Ablehnung der absolutistischen Herrschaft und für die Forderung nach einer naturrechtlich legitimierten politischen Herrschaft bildete. Hieraus entstand auch die zu jener Zeit übliche **Methode**, mithilfe eines Gedankenexperiments die Ursachen von Staatsgründungen und damit die Legitimation von Herrschaft zu untersuchen. Dabei stellten sich die Denker insbesondere folgende Fragen:

- Welche Rechte hatten die Menschen im Naturzustand, also vor dem Zusammenschluss in einer Gesellschaft?
- Welche Konsequenzen sind aus den Naturrechten für die Inhalte eines Gesellschaftsvertrags zu ziehen, der die Grundlage für den gesellschaftlichen Zusammenschluss bildet: Welche Rechte sollen die Individuen, welche der Staat besitzen und wie muss die staatliche Gewalt „organisiert“ werden?

Aus dieser vernunftorientierten Welteinstellung der Aufklärung heraus entstand auch die **Kritik am Machtanspruch der christlichen Kirchen** und die Forderung nach religiöser Toleranz. Die Aufklärung und ihre Prinzipien, die alle Lebensbereiche und kulturellen Tätigkeiten des Menschen umfassten und als Voraussetzung für die industrielle Revolution gelten können, fanden ihren **politischen Niederschlag** in der **Französischen Revolution** 1789 und in der **Erklärung der Menschen- und Bürgerrechte** vom 26. August 1789:

- Die individuelle Freiheit und Rechtsgleichheit der Menschen; soziale Unterschiede dürfen nur im Allgemeinnutzen begründet sein (Artikel I).
- Die Anerkennung der natürlichen und unantastbaren Menschenrechte, deren Erhaltung das Ziel jeder politischen Vereinigung ist (Artikel II).
- Die Anerkennung der Volkssouveränität (Artikel III).
- Die Definition der Freiheit als dem Recht, alles tun zu können, was anderen nicht schadet, die Grenzen der Freiheit können nur durch die Gesetze festgelegt werden (Artikel IV).
- Die Bindung staatlichen Handelns an das Gesetz (Artikel V).
- Die Gleichheit vor dem Gesetz (Artikel VI).
- Die Meinungsfreiheit (Artikel XI).
- Die Unverletzlichkeit des Eigentums (Artikel XVII).

Die in der Erklärung der Menschenrechte zutage tretende Opposition gegen den Absolutismus wurde nicht zuletzt durch den Kampf der britischen Kolonien in Nordamerika gegen England ab 1775 beeinflusst. Insbesondere in der **amerikanischen Unabhängigkeitserklärung vom 4. Juli 1776** und in der amerikanischen Bundesverfassung aus dem Jahr 1787 wurde den Europäern die Möglichkeit einer freiheitlichen politischen Ordnung, in der sich politische Vernunft realisierte, vor Augen geführt.

An den in der Erklärung zitierten Forderungen wird das Programm des **Liberalismus** deutlich. Dieser geht von der Selbstverantwortung jedes einzelnen Menschen für das persönliche Schicksal aus. Seine Vertreter forderten u. a. die Festschreibung bürgerlicher Freiheiten in der Verfassung (Konstitutionalismus) und die Reduzierung staatlicher Eingriffe in das Leben der Bürger. Der so genannte Nachtwächterstaat sollte lediglich für die äußere und innere Sicherheit verantwortlich sein. Im 18. und 19. Jahrhundert entstand auch der Wirtschaftsliberalismus mit der Forderung nach freiem Wettbewerb und Rückzug des Staates aus der Wirtschaft.

Von dem Entstehen des aufklärerischen Denkens zu Beginn des 17. Jahrhunderts bis zur Hochphase Mitte des 18. Jahrhunderts ist also eine Veränderung zu beobachten, die zum zentralen Aspekt der politischen Aufklärung wurde und die Anfänge des politischen Liberalismus einläutete. Im Mittelpunkt der Überlegungen standen das optimistische Weltbild der aufgeklärten Bürger und die Rechte und Interessen des bürgerlichen Individuums. Der Philosoph **Immanuel Kant** (1724–1804) gilt als deutscher Hauptvertreter der Aufklärung sowie Vordenker des deutschen Liberalismus. Folgende Beschreibung der Aufklärung von 1784 kann als programmatisch angesehen werden, da sie sowohl den individuellen als auch den gesamtgesellschaftlichen Aspekt dieser für die abendländische Geschichte fundamentalen Epoche thematisierte:

> Aufklärung ist der Ausgang des Menschen aus seiner selbst verschuldeten Unmündigkeit. Unmündigkeit ist das Unvermögen, sich seines Verstandes ohne Leitung eines anderen zu bedienen. Selbstverschuldet ist diese Unmündigkeit, wenn die Ursache derselben nicht am Mangel des Verstandes, sondern der Entschließung und des Mutes liegt, sich seiner ohne Leitung eines anderen zu bedienen. Sapere aude! Habe Mut, dich deines eigenen Verstandes zu bedienen! ist also der Wahlspruch der Aufklärung. Faulheit und Feigheit sind die Ursachen, warum ein so großer Teil der Menschen, nachdem sie die Natur längst von fremder Leitung freigesprochen [...], dennoch gerne zeitlebens unmündig bleiben; und warum es anderen so leicht wird, sich zu deren Vormündern aufzuwerfen. [7]

7 Immanuel Kant: Beantwortung der Frage: Was ist Aufklärung? In: Berlinische Monatsschrift, Dez. 1784; Neudruck in: Hg. Ehrhard Bahr: Was ist Aufklärung? Thesen und Definitionen, Stuttgart 1974, S. 9–17

Weitere **Vertreter der Aufklärung** waren Thomas **Hobbes**, John **Locke** und Adam Smith (1723–1790) in England, François Marie Aronet Voltaire (1694–1778), Charles-Louis de Secondat, Baron de la Brède et de **Montesquieu** und Jean-Jacques **Rousseau** in Frankreich. Die politischen Theorien von Hobbes, Locke, Montesquieu und Rousseau sind nicht nur unter historischen Aspekten bedeutsam, sondern sind auch prägend für das **heutige demokratische Verständnis**, weshalb sie im Mittelpunkt der folgenden Darstellung stehen. Dabei werden das Verständnis der inneren Logik der Theorie und deren Bedeutung für die modernen Demokratieauffassungen erläutert.

Thomas Hobbes: Der starke Staat schafft Rechtssicherheit

Biografie

Thomas Hobbes (1588–1679) wurde in England als Sohn eines Predigers geboren. Seine ersten Lebensjahre ähnelten der Biografie begabter bürgerlicher Gelehrter seiner Zeit. Früh lernte er Latein und Griechisch, besuchte seit dem 15. Lebensjahr die Universität in Oxford und hielt mit 20 Jahren erste Vorlesungen. Die Stellung als Hauslehrer einer adeligen Familie, damit verbundene Beziehungen zu führenden Gesellschaftsschichten und Bildungsreisen nach Europa prägten Hobbes' Lehr- und Wanderjahre. Die revolutionären Ereignisse in England Mitte des 17. Jahrhunderts änderten die Lebensumstände von Hobbes. Wegen seines Eintretens für die Souveränität des Königs musste er 1640 England verlassen und nach Paris fliehen, wo er elf Jahre im Exil lebte.

Der Ausbruch des Bürgerkriegs und die Hinrichtung Karl I. (1649) waren unter anderem Auslöser dafür, sein Hauptwerk „Leviathan" (1651) zu verfassen. Darin rechtfertigte er die unumschränkte Staatsgewalt des absoluten Fürsten durch dessen Funktion, den Frieden im Staat zu sichern. Ohne Staatsgewalt, die den Rechtsfrieden gewährleistet, würden der Egoismus und die Furcht der Menschen wieder zu einem Bürgerkrieg führen. Deshalb war es nach Hobbes notwendig, dass die Mitglieder der Gesellschaft ihren Willen dem Willen eines Einzelnen oder einer Versammlung unterwerfen. Nach seiner Rückkehr aus Paris verbrachte Hobbes den Rest seines Lebens in England. Zurückgezogen und ohne politischen Einfluss erlebte er die Wiederherstellung der Monarchie und die Rückkehr seines ehemaligen Schülers Karl II. (1660).

Menschenbild

Anhand dieser biografischen Daten wird das **negative Menschenbild**, das der politischen Theorie von Hobbes zugrunde liegt, deutlich. Da die Menschen von Natur aus gleich sind und im **Naturzustand** auch die Freiheit besteht, seine „Kräfte beliebig zu gebrauchen", führen die menschlichen Eigenschaften zu drei hauptsächlichen Konfliktursachen: Zur Konkurrenz, zu Misstrauen und zu Ruhmsucht. Diese führen „außerhalb der bürgerlichen Gesellschaft", also im Naturzustand, zum „**Krieg aller gegen alle**" (Leviathan, XIII[8]) und es zeigt sich, dass in diesem Krieg alle ein Recht auf alles haben. In der Widmung zu dem Buch „De cive" findet sich die Beschreibung der menschlichen Natur: **Homo homini lupus**, der Mensch ist dem Menschen ein wildes Tier.

Damit grenzt sich Hobbes bewusst von der aristotelischen Auffassung über die gesellige Natur des Menschen ab. Der Mensch empfindet am Zusammenleben mit anderen Menschen kein Vergnügen, sondern nur großen Verdruss. Dies wird schon daran deutlich, dass sich die Reisenden bewaffnen und die Türen ihrer Häuser verschließen müssen. Die Städte schützen sich durch Mauern und Tore, die Staaten durch Sicherung ihrer Grenzen. Dies zeigt, dass die Menschen einander, dass niemand dem anderen traut.

Diese Furcht, die in der bürgerlichen Gesellschaft besteht, muss im Naturzustand entsprechend größer sein. Die Menschen versuchen aus Selbsterhaltung, den anderen zu unterwerfen oder zu töten, da beide nach demselben Gut streben. Besitzt z. B. jemand ein größeres Stück Land, das ihm von seinem Nachbarn streitig gemacht wird, muss der Angreifer, da er nur den Widerstand des Besitzers zu fürchten hat, nur die Hilfe anderer abwarten, um dem Betroffenen Land und vielleicht Leben zu rauben. Sobald aber Stärkere kommen, erleidet er möglicherweise dasselbe Schicksal (Leviathan, XIII).

Staatsauffassung

Diese Auffassung über die Natur des Menschen, die nicht zuletzt von den Erfahrungen im englischen Bürgerkrieg geprägt war, veranlasst Hobbes zu dem Schluss: Es besteht die Notwendigkeit, dass ein starker Staat, eine Macht, die rechtlich gesicherte Ordnung der Beziehungen zwischen den Menschen garantiert. Die Menschen müssen ihre ungehemmte Freiheit, die sie im Naturzustand besitzen, aufgeben, um eine allgemeine Macht zu gründen und dieser ihre Macht zur Sicherung des inneren und äußeren Friedens zu übertragen. Indem jeder das Recht sich zu beherrschen der zentralen Macht unter der Bedingung übergibt, dass auch die anderen Menschen dies tun, entsteht ein **Vertrag**.

8 Thomas Hobbes: Leviathan.; Übers./Hg. Jacob Mayer, Stuttgart 1970

> Auf diese Weise werden alle Einzelnen eine Person und heißen Staat oder Gemeinwesen. So entsteht der große Leviathan oder, wenn man lieber will, der sterbliche Gott, dem wir unter dem ewigen Gott allein Frieden und Schutz zu verdanken haben. Dieses von allen und jedem übertragene Recht bringt eine so große Macht und Gewalt hervor, dass durch sie die Gemüter aller zum Frieden unter sich gern geneigt gemacht [...] werden. (Leviathan, XVII)

Um den Rechtsfrieden zu sichern besitzt der Staat die absolute Gewalt:

- Die Einrichtungen des Staates können nicht verändert werden, es sei denn der Herrscher selbst oder jeder Bürger willigt ein.
- Da alle dem Herrscher die Macht zur Sicherung des Friedens übertragen haben, kann er auch über die Mittel entscheiden, mit deren Einsatz er dieses Ziel erreichen will.
- Dieses Recht bezieht sich sogar auf die Frage, wann es notwendig ist, das Volk aufzuklären. Das heißt: Lehrfreiheit und Informationsfreiheit, ja auch die Religionsfreiheit sind dem staatlichen Handeln untergeordnet.
- In den bürgerlichen Gesetzen regelt der Staat das Eigentumsrecht.
- Die höchste Gewalt hat das Recht, über Krieg und Frieden zu entscheiden und die exekutive und judikative Gewalt auszuüben.

Interessant ist in dieser Hinsicht die genaue Betrachtung des **Umschlagbildes des „Leviathan“**, das der Kupferstecher Wenceslaus Hollar anfertigte und auf dem die absolute Rechtsgewalt des Staates deutlich wird. Der über der Welt thronende Herrscher, dessen Oberkörper und Arme aus unzähligen kleinen Menschen bestehen, hält in der rechten Hand ein Schwert und in der linken einen Bischofsstab und stützt sich damit auf zwei Machtbereiche: Die weltliche Macht, symbolisiert durch Burg, Krone, Kanone, Fahne, Gewehr und Schlachtfeld und die geistliche Macht, veranschaulicht durch Kirche, Bischofshut, Bannstrahlen der Exkommunikation, Dreizack des logischen Syllogismus und Konzil. Während der untere Bildteil also die weltlichen und geistlichen Auseinandersetzungen zeigt, stellt die obere Hälfte die Aufhebung dieses Konflikts in der friedensstiftenden und das Recht sichernden Tätigkeit des Leviathan dar.

Dem Einwand, dass sich die Bürger eines solchen Staates in einem bedauernswerten Zustand befinden, weil sie von der Willkür und den Leidenschaften des Herrschers abhängig sind, begegnet Hobbes mit dem Argument, dass selbst die größten Unannehmlichkeiten im Vergleich mit dem Naturzustand von geringer Bedeutung sind. Deshalb steht für ihn auch außer Frage, dass von den drei seiner Meinung nach möglichen Staatsformen, der monarchischen, der aristokratischen und der demokratischen, eindeutig **der monarchischen Staatsform der Vorzug zu geben** ist.

Die anderen Staatsformen bergen nach Hobbes zu sehr die Gefahr, dass durch die Auseinandersetzung der an der Staatsgewalt Beteiligten der Staat „ganz dem Zwecke seiner Einrichtung zuwider, in den Stand des Krieges aller gegen alle zurückversetzt würde“ (Leviathan, XIX). Die negativen Folgen, die sich aus dem Verlust der individuellen Entscheidungsbefugnis und der Aufgabe des persönlichen Widerstandsrechts gegenüber dem Souverän entwickeln, sind nach Hobbes also bei weitem geringer einzustufen als die, die beim Fehlen der Staatsgewalt entstehen würden.

Der Leviathan wurde 1651 veröffentlicht und hatte großen Einfluss auf spätere Theorien. Schon auf dem Umschlagbild lässt sich erkennen, dass der Leviathan, Symbol für den allmächtigen Staat, ein absolute Herrschaft ausübt.

Bedeutung der politischen Theorie

Die Bedeutung der Hobbes'schen Theorie besteht unter historischen Gesichtspunkten in der Legitimation einer absolutistischen Herrschaft, wie sie z. B. im Staat Ludwig XIV. (1638–1715) ihren für die europäischen Fürsten prägenden Ausdruck fand. Grundsätzlich bilden seine Ideen jedoch die Begründung der **Notwendigkeit des Staates**.

Es wird in seiner politischen Theorie zum einen pointiert der Gedanke herausgearbeitet, dass nur mithilfe der vom Staat gesetzten **Rechtsordnung** ein friedliches Zusammenleben der Bürger garantiert werden kann. Nur der Staat kann den Naturzustand überwinden und letztlich den **Rechtsfrieden**, auch mit der Androhung der Sanktionen gegen diejenigen, die diesen stören, garantieren. Damit wird auch die **Schutzfunktion** gegenüber den Bürgern hervorgehoben. Zum anderen wird bei der vorgenommenen Konzentration der staatlichen Gewalt und den fehlenden gegenseitigen Kontrollen der staatlichen Organe die Problematik der mangelnden Mitbestimmung des Volkes deutlich.

John Locke: Freiheit, Repräsentation, Schutz des Eigentums

Biografie

John Locke (1632–1704), Sohn eines Anwalts, war nach seinem Studium der Medizin, Chemie und Philosophie und seiner Lehrtätigkeit für klassische Sprachen und Philosophie in Oxford in verschiedenen staatlichen Ämtern tätig, 1675 bis 1679 lebte er in Frankreich. 1683 ging Locke gemeinsam mit seinem Dienstherrn Lord Ashley und Earl of Shaftesbury, der in England Repressalien ausgesetzt war, in die Niederlande. Nach der Glorious Revolution 1688 kehrte Locke 1689 wieder in seine Heimat zurück. Lockes politiktheoretische Vorstellungen wurden durch eine historische Epoche geprägt, in der der **englische Parlamentarismus** Gestalt gewann. Die englischen Bürgerkriege (1642 Beginn des Krieges zwischen König und Parlament), die Herrschaft Oliver Cromwells und die Ausrufung der Republik (1649–1658), die Restauration (1660–1685), die Glorious Revolution (1688) und die vom Parlament beschlossene Berufung Wilhelms von Oranien (1688) auf den englischen Thron waren wichtige Etappen, in denen sich der englische Parlamentarismus herausbildete. Dieses Verfassungssystem besitzt Hemm- und Kontrollmechanismen, die die Macht des Königs beschränken und die des Parlaments stärken um zu verhindern, dass es zu einer absolutistischen Herrschaft des Königs kommt, wie sie in den anderen europäischen Staaten bis ins 18. Jahrhundert noch existierte. Mit der Bill of Rights sicherte sich das Parlament 1689 die Rechte, die es in der Glorious Revolution erfolgreich verteidigt hatte (u. a. freie Parlamentswahlen, Redefreiheit). Der König durfte demnach ohne die Zustimmung des Parlaments keine Gesetze mehr außer Kraft setzen und kein stehendes Heer in Friedenszeiten unterhalten. Die Bill of Rights entwickelte sich zum englischen Staatsgrundgesetz und etablierte in England das System der konstitutionellen Monarchie.

Menschenbild

Wie bei allen Vertretern der Aufklärung findet sich bei John Locke eine auf das **Naturrecht** begründete Argumentation: In einem Gedankenexperiment wird von einem rechts- und staatenlosen Zusammenleben freier Individuen ausgegangen, dem Naturzustand. Hier, in einem Zustand ohne Staat, kann man untersuchen, was das eigentliche Wesen des Menschen ausmacht und was ihn dazu bewegt, sein Zusammenleben mit anderen Menschen staatlich zu regeln.

Im Mittelpunkt von Lockes Argumentation zur **naturrechtlichen Begründung der politischen Ordnung** stehen der Freiheits- und Gleichheitsbegriff, die beide konstitutive Elemente seiner Anthropologie darstellen. So sind die Menschen nach Locke vernunftbegabte Wesen und haben von Natur aus die Fähigkeit, in Freiheit und Eigenverantwortung innerhalb der Grenzen des Naturrechts ihre Handlungen zu regeln und über ihren Besitz und ihre Persönlichkeit zu verfügen. Die im Naturzustand gegebene Freiheit darf jedoch nicht mit Zügellosigkeit verwechselt werden, ganz im Gegenteil: Das der Vernunft entsprechende Naturgesetz zieht der individuellen Freiheit Grenzen, die im Zustand der Gleichheit liegen. In diesem Zustand besitzen alle Individuen die gleiche Macht und Rechtsprechung. Die Grenzen der Freiheit liegen also in der gleichen Freiheit des Anderen.

> Der Naturzustand [...] ist ein Zustand vollkommener Freiheit, innerhalb der Grenzen des Naturgesetzes seine Handlungen zu lenken und über seinen Besitz und seine Person zu verfügen, wie es einem am besten scheint [...]. Es ist überdies ein Zustand der Gleichheit, in dem alle Macht und Rechtsprechung wechselseitig sind, da niemand mehr besitzt als ein anderer [...]. (Über die Regierung, II, § 4 [9])

Im Naturzustand herrscht ein natürliches Gesetz, das für alle verbindlich ist. Die Vernunft lehrt alle Menschen, dass niemand einem anderen, da alle gleich und unabhängig sind, an seinem Leben, seiner Gesundheit, seiner Freiheit oder

9 John Locke: Über die Regierung (The Second Treatise of Government): Übers. Dorothee Tidow, Hg. Peter Cornelius Mayer-Tasch, Stuttgart 1974; im Folgenden zitiert als „Regierung"

seinem Besitz Schaden zufügen soll (Regierung, II, 6). Nach Locke haben die Individuen im Naturzustand also bestimmte grundlegende Naturrechte (**Menschenrechte**), die sie auch nach dem Vertragsschluss und der Schaffung einer staatlichen Gemeinschaft nicht verlieren. Verstößt jemand gegen dieses Recht, ist im Naturzustand jeder berechtigt, den Gesetzesbrecher zu bestrafen – die Individuen besitzen also die **judikative** und **exekutive** Gewalt.

Die bürgerliche Gesellschaft

Nach Locke ist der Naturzustand kein ständiger Krieg aller gegen alle wie bei Hobbes, sondern ein relativ friedlicher Zustand, da die Menschen von Natur aus gutmütig sind. Auch die Entstehung von Privateigentum kann ein friedlicher Prozess sein – allerdings nimmt Locke an, dass bald das Bedürfnis entstehen wird, das Eigentum gegen mögliche Übeltäter, die es auch nach seinem Menschenbild durchaus gibt, zu schützen.

Da im liberalen Verständnis von dem vernunftbegabten Individuum ausgegangen wird, besteht deshalb der **Grund des Zusammenschlusses** der Menschen im **Schutz des Eigentums** und der **individuellen Rechte**. Während im Naturzustand alle das Recht auf alles haben und die Freiheit der Individuen nur im Naturgesetz ihre Begrenzung findet, geben die Menschen in einer Gesellschaft ihre natürliche Macht auf und übertragen einen Teil davon auf die politische Gemeinschaft.

Hier wird die neue Richtung gegenüber früheren Herrschaftsbegründungen deutlich, was unter anderem auch auf historische Entwicklungen zurückgeführt werden kann: Während Hobbes, beeinflusst durch die großen Zerstörungen des Dreißigjährigen Krieges, noch die Befriedungs- und Sicherheitsfunktion des Staates gegenüber willkürlicher Gewalt in den Vordergrund stellt, steht bei Locke der Schutz des Individuums und seiner Rechte vor einem despotischen Herrscher im Zentrum der Überlegungen.

Da die Menschen von **Natur** alle **frei**, **gleich** und **unabhängig** sind, kann niemand ohne seine Einwilligung gezwungen werden, den Naturzustand zu verlassen und sich einer anderen politischen Gewalt zu unterwerfen. Diese natürliche Freiheit kann nur aufgegeben und die Fesseln bürgerlicher Gesellschaft angelegt werden, wenn man mit anderen Menschen übereinkommt, sich in einer **Gemeinschaft** zusammenzuschließen. Das **Ziel des Zusammenschlusses ist es, friedlich miteinander zu leben** mit garantiertem Schutz des Eigentums und in größerer Sicherheit. Sobald eine Anzahl von Menschen auf diese Weise eine Gemeinschaft oder Regierung gebildet hat, werden sie zu einem einzigen politischen Körper, in dem die Mehrheit das Recht hat, zu handeln und die übrigen „Glieder" zur Mitarbeit verpflichtet werden.

Herrschaftsauffassung

Diese Gedanken aus Lockes Hauptwerk „Über die Regierung“ geben nicht nur Aufschluss über das Ziel des Zusammenschlusses in einer Gesellschaft, also über die Ursachen für den Abschluss des Gesellschaftsvertrags, sondern auch über die für die Repräsentationstheorie typische **Herrschaftsauffassung**. Politische Herrschaft ist demnach **grundsätzlich nicht aufhebbar**. Sie wird im Gegenteil gewollt, da sie eine positive Funktion zur Herstellung der Rechtssicherheit besitzt. Allerdings ist die politische Herrschaft eine übertragene Herrschaft, die die Menschen nur akzeptieren, weil die Unzulänglichkeiten des Naturzustandes, in dem jeder die persönliche Macht zur Bestrafung besitzt, aufgehoben werden. Die Herrschaft kann aber nie eine absolute Herrschaft sein – denn da im Naturzustand kein Individuum eine absolute Gewalt über einen anderen hat, kann auch der Herrscher, dem die individuellen Rechte übertragen werden, keine absolute Gewalt über andere haben. Die politische Gewalt ist nur eine auf Zeit übertragene Gewalt und fällt bei Missbrauch wieder zurück in die Hände des Volkes (Regierung, XIII, 149).

Repräsentation des Volkes

Bei Locke ist der Souverän nicht mit einer absoluten Allmacht ausgestattet, sondern er ist Repräsentant des Volkes und verwaltet treuhänderisch die ihm übertragene Gewalt. Zentraler Aspekt der Überlegungen Lockes ist die Übertragung der **individuellen Rechte jedes Menschen**, der richterlichen (judikativen) und ausführenden (exekutiven) Gewalt, aus dem Naturzustand auf den Staat. Dies ist der Inhalt des Gesellschaftsvertrags.

> Dies ist es, was alle Menschen so bereitwillig auf ihre persönliche Macht zu strafen, verzichten lässt, damit sie allein von denen ausgeübt werde, die man aus ihrer Mitte dazu bestimmt – und zwar nach Regeln, wie sie die Gemeinschaft oder diejenigen, die sie zu diesem Zweck dazu ermächtigt haben, vereinbaren. (Regierung, VIII, 6)

Mit dieser Übertragung der Macht jedes Einzelnen auf den Souverän wird auch gleichzeitig die Herrschaft legitimiert. Locke ist damit neben dem Theoretiker Montesquieu der traditionelle Vertreter der **Repräsentationstheorie** und der **Gewaltenteilungslehre**. In folgenden Sätzen sind die **fundamentalen Positionen des Repräsentationsgedankens** in komprimierter Form enthalten:

- die ursprüngliche Gewalt liegt bei den Individuen;
- zur größeren Rechtssicherheit schließen sich die Individuen zu einer Gemeinschaft zusammen;
- die Gemeinschaft legt (nach dem Mehrheitsprinzip) die Regeln für das Zusammenleben fest oder ermächtigt Repräsentanten, dies für sie zu tun;

- die Herrschenden (legislative und exekutive Gewalt) sind an die von der Gemeinschaft festgelegten Regeln gebunden und kontrollieren sich gegenseitig, damit es nicht zu einem Machtmissbrauch kommt, der die individuelle Freiheit bedroht;
- die politische Herrschaft findet als vom Volk auf Repräsentanten übertragene Herrschaft ihre Grenzen in dem ursprünglichen Naturrecht auf Leben und Eigentum der Individuen.

Der Bezug zu seinen eigenen biografischen Erfahrungen wird bei Locke vor allem bei der Beschreibung der legislativen Gewalt und ihrer Kontrolle deutlich. Er sieht die konstitutionelle Monarchie als wichtige Errungenschaft, in der es zwei Gewalten und vor allem auch die Möglichkeit des Widerstandes gegen willkürliche Gewalt gibt. Das souveräne Volk kann demnach seinen Repräsentanten das Vertrauen entziehen. Es besteht also, ganz anders als bei Hobbes, ein **Widerstandsrecht**, wenn die Repräsentanten die übertragene Gewalt im absoluten oder willkürlichen Sinne gegen die Rechte des Individuums anwenden.

> Obwohl die Legislative [...] die höchste Gewalt eines jeden Staates darstellt, ist sie doch: Zum ersten nicht [...] eine willkürliche Gewalt über Leben und Schicksal des Volkes. Sie ist nichts als die vereinigte Gewalt aller Mitglieder jener Gesellschaft, die derjenigen Person oder Versammlung übertragen wurde, die der Gesetzgeber ist, und kann folglich nicht größer sein als die Gewalt, die jene Menschen im Naturzustand besaßen, bevor sie in die Gesellschaft eintraten und sie an die Gemeinschaft abtraten. Denn niemand kann einem anderen größere Macht übertragen, als er selbst besitzt, und niemand hat absolute willkürliche Gewalt über sich selbst oder irgendeinen anderen Menschen, sein eigenes Leben zu zerstören oder einem anderen sein Leben oder Eigentum zu nehmen. (Regierung, XI, 135)

Bedeutung der politischen Theorie

Die Überlegungen von John Locke finden nicht nur in den Diskussionen um die **amerikanische Verfassung** ihren Niederschlag (vgl. S. 52 ff.), sondern ihre Wirkung ist auch deutlich in den demokratischen Verfassungen der verschiedenen europäischen Staaten nachzuweisen (vgl. Übersicht der Demokratietheorien, S. 86/87). Im **Grundgesetz der Bundesrepublik Deutschland** ist dieser Einfluss der politischen Theorie Lockes zunächst in der grundlegenden Wertorientierung zu sehen:

- Das Grundgesetz geht entsprechend Lockes Theorie von der Existenz vorstaatlicher, unveräußerlicher Menschenrechte aus: „Die Würde des Menschen ist unveräußerlich. Sie zu achten und zu schützen ist Verpflichtung aller staatlichen Gewalt“ (Art. 1 Abs. 1). Die Menschenrechte – wie persönliche Freiheit, Recht auf Leben und körperliche Unversehrtheit, Freiheit des

Glaubens und der Meinungsäußerung, Schutz der Wohnung und des Eigentums – sind in Artikel 1 bis 19 festgeschrieben und binden nach Art. 1 Abs. 3 Gesetzgebung, vollziehende Gewalt und Rechtsprechung (vgl. S. 67 ff.).
- Grundlegende Wertbasis der politischen Ordnung der Bundesrepublik Deutschland ist neben der Rechtsgleichheit die individuelle Freiheit. Dies bedeutet, jeder hat das Recht, über seine individuellen Fähigkeiten, aber auch über seinen Besitz frei zu verfügen und seine Fähigkeiten frei zu entfalten. Die Gesetze, vor denen alle gleich sind, bilden sozusagen die Spielregeln, die den Individuen die Möglichkeit der freien Entfaltung geben, aber gleichzeitig die Individualrechte des Menschen vor dem Eingriff anderer, auch vor dem Eingriff des Staates, schützen.

Die **Staatsauffassung** der von Locke ausgearbeiteten Repräsentationstheorie schlägt sich im Grundgesetz in den folgenden Regelungen nieder:
- Das Volk, der eigentliche Souverän, überträgt einen Teil seiner Gewalt auf gewählte Vertreter und betraut durch die Wahlen die Personen seines Vertrauens mit Herrschaftspositionen (Bundestag, Bundesregierung, Landtag, Landesregierung): „Die Staatsgewalt geht vom Volke aus. Sie wird vom Volk in Wahlen und Abstimmungen und durch besondere Organe der Gesetzgebung, der vollziehenden Gewalt und der Rechtsprechung ausgeübt.“ (Art. 20, Abs. 2 GG).
- Die staatliche Gewalt wird in judikative, legislative und exekutive Gewalt geteilt (bei Locke fielen judikative und legislative Gewalt noch zusammen).
- Es besteht das Widerstandsrecht zur Sicherung der demokratischen politischen Ordnung: „Gegen jeden, der es unternimmt, diese Ordnung zu beseitigen, haben alle Deutschen das Recht zum Widerstand, wenn andere Abhilfe nicht möglich ist.“ (Art. 20, Abs. 4 GG).

Charles de Montesquieu: Unabhängigkeit der drei Gewalten

Biografie

Charles-Louis de Secondat, Baron de la Brède et de Montesquieu (1689–1755), der die geistigen Grundlagen des modernen Verfassungsstaates bereiten half, wuchs als Aristokratensohn im Staate Ludwigs XIV. auf. Mit 25 Jahren wurde er Rat, zwei Jahre später Präsident am Parlament von Bordeaux. Nach dem Verkauf dieses Amtes übersiedelte er nach Paris und bereiste mehrere Länder Europas. Während eines zweijährigen Aufenthaltes in England studierte er intensiv das englische Regierungssystem. Montesquieu breitete seine umfassenden politik-

theoretischen Überlegungen über das gesellschaftliche Leben und über dessen Zusammenhang mit Sinn und Geist der Verfassungen in seinem Werk „De l'esprit des lois" aus, das 1748 in Genf erschien. Der vollständige Titel des Buches zeigt die vielfältigen Aspekte, mit denen sich Montesquieu beschäftigte: „Vom Geist der Gesetze oder über den Bezug, den die Gesetze zum Aufbau jeder Regierung, zu den Sitten, dem Klima, der Religion, dem Handel, etc. haben müssen".

Menschenbild

Anders als bei Hobbes ist bei Montesquieu der Mensch im Naturzustand ein friedvolles Wesen. Im Laufe der Vergesellschaftung jedoch erliegen viele der menschlichen Urversuchung, dem Machtmissbrauch. Deshalb muss die Staatsverfassung so gestaltet sein, dass sie gegen diese negative Seite der menschlichen Natur wirksame Garantien enthält. Der Missbrauch der Macht muss nach Montesquieu also durch eine Ordnung, eine Verfassung und Gesetzgebung verhindert werden. Auch der Schutz der Freiheit, die nach Montesquieu das Recht ist, alles zu tun, was die Gesetze erlauben, kann durch die richtige Verfassung gewährleistet werden. Missachtet ein Bürger die Gesetze, hat er selbst keine Freiheit mehr, denn alle anderen können und werden es ihm gleichtun.

> Um den Missbrauch der Macht zu verhindern, muss vermöge einer Ordnung der Dinge die Macht der Macht Schranken setzen. Eine Verfassung kann so gestaltet sein, dass niemand gezwungen ist, Dinge zu tun, zu denen das Gesetz ihn nicht verpflichtet, und Dinge nicht zu tun, die das Gesetz ihm erlaubt. (Vom Geist der Gesetze, XI, 3. Kap.[10])

Das Prinzip der Gewaltenteilung

Die Garantie, dass die Menschen in verantwortungsvollen Positionen ihre Macht nicht missbrauchen, sieht Montesquieu in einem System der Gewaltenteilung. Die **Gewaltenteilung** besitzt ihren eigentlichen Sinn in der Freiheitssicherung der Bürger. Montesquieu entwickelt dabei die Konzeption von John Locke, der nur zwei Gewalten kennt, weiter und unterscheidet die legislative (gesetzgebende), exekutive (vollziehende) und judikative (richterliche) Gewalt des Staates. Wenn diese Gewalten nicht von unterschiedlichen Personengruppen, bzw. Institutionen wahrgenommen werden, besteht die Gefahr einer Monopolisierung politischer Herrschaft.

10 Charles de Montesquieu: Vom Geist der Gesetze (De l'esprit des lois); Übers./Hg. Ernst Forsthoff, München 1967; im Folgenden zitiert als „Gesetze"

> Wenn in derselben Person oder dergleichen obrigkeitlichen Körperschaft die gesetzgebende Gewalt mit der vollziehenden vereinigt ist, gibt es keine Freiheit: Denn es steht zu befürchten, dass derselbe Monarch oder derselbe Senat tyrannische Gesetze macht, um sie tyrannisch zu vollziehen. Es gibt ferner keine Freiheit, wenn die richterliche Gewalt nicht von der gesetzgebenden und vollziehenden getrennt ist. Ist sie mit der gesetzgebenden Gewalt verbunden, so wäre die Macht über Leben und Freiheit der Bürger willkürlich, weil der Richter Gesetzgeber wäre. Wäre sie mit der vollziehenden Gewalt verknüpft, so würde der Richter die Macht eines Unterdrückers haben. Alles wäre verloren, wenn derselbe Mensch oder die gleiche Körperschaft der Großen, des Adels oder des Volkes diese drei Gewalten ausüben würde: Die Macht Gesetze zu geben, die öffentlichen Beschlüsse zu vollstrecken und die Verbrecher oder die Streitsachen der Einzelnen zu richten [...]. (Gesetze, XI, 6)

Unabhängig von ihrer historischen Ausformung zeigt die Grafik, wie Montesquieu das Gewaltenteilungsprinzip vorschwebte. Abgesehen von der gegenseitigen Gewaltenhemmung stehen im **Mittelpunkt** des Systems die **Gesetze**.

Das Prinzip der Gewaltenteilung

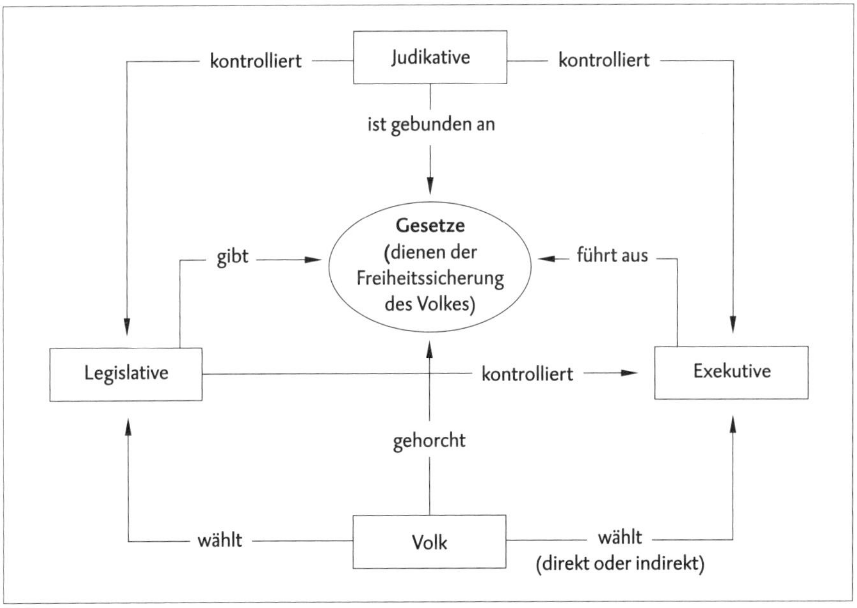

Bei der Betrachtung entsteht der Eindruck einer einseitigen Beziehung zwischen dem Volk und den Gesetzen (Pfeil „gehorcht“). Doch muss man sich vergegenwärtigen, dass die Gesetze, denen das Volk „gehorcht“, im Sinne Montesquieus des Volkes Freiheitssicherung dienen. Zudem wählt das Volk die Legislative, die gesetzgebende Gewalt, kontrolliert also indirekt die Gesetzgebung.

Bedeutung der politischen Theorie

Montesquieus Gewaltenteilungslehre war von großer Bedeutung für die Entwicklung der Vorstellungen von einer demokratischen und rechtsstaatlich ausgerichteten politischen Ordnung. Die Gewaltenteilungslehre ist unmittelbar mit seiner Konzeption politischer Freiheit im **Rechtsstaat** verbunden: Die Gesetze schränken die Macht der Individuen, die die Freiheit der anderen begrenzt, ein und sind gleichzeitig Bedingung der Freiheit für alle. Gesetze, also die Einschränkung der Freiheit, und die Möglichkeit der Wahrnehmung von Freiheit in einer Gesellschaft bedingen sich demnach gegenseitig.

Die **zentralen Elemente der liberalen Theorie** und damit der Repräsentationstheorie von Locke und der Gewaltenteilungslehre von Montesquieu – die Selbstbestimmung des Individuums, die Menschenrechte, die Beteiligung des Volkes an der Herrschaftsbestellung, das Prinzip der Gewaltenteilung, das Mehrheitsprinzip – sind heute in vielen modernen politischen Systemen anzutreffen (vgl. amerikanisches Regierungssystem S. 53, deutsches Regierungssystem S. 67, Übersicht der Demokratietheorien, S. 86/87). Hierzu gehören:

- Der Grundsatz der Selbstbestimmung des Individuums, der sich aus der Würde des Menschen als Person, die keiner Fremdbestimmung unterliegen darf, ergibt.
- Die Beseitigung von Willkürherrschaft und die sich daraus ergebende Forderung, dass die mündigen Bürger am Herrschaftsprozess einen eigenständigen, wenn auch gegebenenfalls nur mittelbaren Anteil haben sollten.

Die Abschaffung jeglicher Willkürherrschaft und die **Sicherstellung der Herrschaft des Rechts** sollte bewirkt werden zum einen durch die Beteiligung aller mündigen Bürger an der Legislative, wenn auch nicht unbedingt an der Exekutive. Dem Konzept des mündigen Bürgers entspricht die Vorstellung, dass die Bürger ihre Angelegenheiten möglichst eigenständig regeln. Dies hat zur Folge, dass die **Selbstverwaltung** (z. B. in Kommunen, in Handwerkskammern etc.) Priorität vor der staatlichen Verwaltung hat.

Zum anderen gilt bis heute das Prinzip der Teilung der Gewalten als sehr wirksames Mittel gegen Willkürherrschaft. Der Mechanismus von „*checks and balances*“ wird in vielen politischen Systemen angewandt, um den Druck der Staatsmacht auf die Individuen zu vermindern und um jeglichen Machtmissbrauch, insbesondere aber jeder Konzentration von Macht in den Händen Einzelner vorzubeugen. Nicht zuletzt kann durch die Sicherstellung der uneingeschränkten Geltung des Prinzips der **öffentlichen Meinung** das Regierungshandeln kontrolliert werden. Diese uneingeschränkte Meinungsfreiheit ist mit der Pressefreiheit verbunden.

Jean-Jacques Rousseau: Der identitäre Demokratieansatz

Biografie

Jean-Jacques Rousseau (1712–1778), Sohn eines Genfer Uhrmachers, wurde in der Spätzeit des Absolutismus geboren. Die aristokratisch geprägte Genfer Republik und ein bürgerliches, mit großer Vaterlandsliebe ausgestattetes Elternhaus, bestimmten seine Jugendjahre. Die polizeistaatliche Bevormundung der Untertanen, die sich bis in persönlichste Bereiche erstreckte und das System der Privilegien weckten in Rousseau den **Ruf nach Freiheit**, Gleichheit und sozialer Gerechtigkeit. Die Verwirklichung dieser Ideale sah er in einer republikanisch-demokratischen Staatsform. Vor allem der unbändige Freiheitsgedanke, verbunden mit einem ständigen Wandertrieb, war für sein Leben kennzeichnend. Mit 16 Jahren floh er aus Genf und kam letztlich nach Paris.

Rousseau bestritt unter anderem als Kupferstecher, Schriftsteller, Musiklehrer und als Komponist seinen Lebensunterhalt und besaß gute Kontakte zur Pariser Gesellschaft. Nach dem Erscheinen seiner Hauptwerke, dem Erziehungsroman „Emile" und dem „Gesellschaftsvertrag" – beide Werke enthielten Angriffe auf den Königshof, Staat und Kirche und wurden als Aufruf zur gesellschaftlichen Revolution verstanden – musste Rousseau 1762 aus Paris fliehen und kehrte erst 1770 zurück, wo er acht Jahre später starb.

Menschenbild

Im **Naturzustand** sind die Menschen nach Rousseau weder gut noch schlecht und besitzen weder Tugenden noch Laster, sondern sind nur darum besorgt, nach ihren wahren Bedürfnissen zu leben. Der **Freiheitsbegriff** in Rousseaus Theorie zeichnet sich also durch das Element der Unabhängigkeit, der natürlichen Freiheit aus.

Hiermit grenzt er seine Theorie nach zwei Richtungen von der traditionellen Interpretation seiner Vorgänger ab: Er lehnt einerseits die aristotelische Auffassung von der natürlichen Sozialität des Menschen ab und andererseits auch die Gegenthese von Hobbes von der Natur, der Bosheit, des Menschen. Für ihn ist entscheidend, dass die Menschen im Urzustand noch keinerlei moralische Beziehungen und Pflichten kennen und es auch keine naturgesetzlichen Rechte (z. B. Grundrechte) gibt. Jede Idee von Recht und Unrecht entsteht nach der Theorie von Rousseau erst mit dem Staat.

Die Betrachtung des Naturzustandes zeigt, dass Rousseau von der **Gleichheit der Menschen im Naturzustand** ausgeht. Er leugnet nicht natürliche Ungleichheiten der Menschen, die „physisch“ begründet, durch Alter, Körperkraft und Gesundheit bedingt sind. Rousseau meint vielmehr die allen Menschen zuzugestehende „moralische“ oder „politische“ Gleichheit, die durch die Gesellschaftsbildung und den historischen Prozess in Ungleichheit, Verfestigung von Privilegien, Armut und Reichtum umgewandelt wird. Die Ursache des Wandels vom gleichen, friedfertigen Naturzustand hin zum jetzigen unfreien ungleichen Zustand, in dem sich jeder für den Herrn des anderen hält und selbst Sklave ist, sieht Rousseau in der Bildung des Eigentums.

Die bürgerliche Gesellschaft

Nach Rousseau ist derjenige der Begründer der bürgerlichen Gesellschaft, der als erster ein Stück Land umzäunt und dies als sein Eigentum betrachtet. Ohne **Privateigentum** wären seiner Meinung nach viele Laster, Kriege, Elend, Morde und Gräuel vermieden worden. Diese negative Auffassung von Privateigentum steht im klaren Gegensatz zu den Ideen von Locke, der den Schutz des Privateigentums als wichtigste Aufgabe des Staates betrachtet.

Aus diesen Überlegungen ergibt sich bei Rousseau die Auffassung über die **Ungerechtigkeiten in der bürgerlichen Gesellschaft**. Die Privilegien in der bürgerlichen Gesellschaft sind seiner Meinung nach nicht rechtens und entsprechen nicht der wesensnotwendigen **Freiheit des Menschen**. Vor dem Hintergrund einer solchen Interpretation wird bei der Vergegenwärtigung des Menschenbildes und des Naturzustandes deutlich, dass es sich bei der Konzeption von Rousseau nicht um eine Gleichheitsauffassung im Sinne der Gleichheit vor dem Gesetz handelt, sondern um eine inhaltliche, eine **materiale Gleichheit**. Das **grundlegende Problem** bei der Errichtung einer bürgerlichen Gesellschaft, die schon deshalb notwendig ist, damit sich die Menschen vor den Gefahren der Natur schützen können, besteht nach Rousseau darin, eine **Form der Gemeinschaft** zu finden, in der Freiheit und Sicherheit garantiert sind.

> Finde eine Form des Zusammenschlusses, die mit ihrer ganzen gemeinsamen Kraft die Person und das Vermögen jedes einzelnen Mitglieds verteidigt und schützt und durch die doch jeder, indem er sich mit allen vereinigt, nur sich selbst gehorcht und genauso frei bleibt wie zuvor. Das ist das grundlegende Problem, dessen Lösung der Gesellschaftsvertrag darstellt. (Der Gesellschaftsvertrag oder die Grundsätze des Staatsrechts, I, 6. Kap.[11])

11 Jean-Jacques Rousseau: Der Gesellschaftsvertrag oder die Grundsätze des Staatsrechts (Du contrat social ou principes du droit politique); Übers. H. Denhardt, Hg. Heinrich Weinstock, Stuttgart 1974; im Folgenden zitiert als „Vertrag“

Identitätslehre: Volonté Générale

Die Lösung des Problems, den Zusammenschluss zustande zu bringen und doch frei zu bleiben, wird in der **Lehre von der Gleichheit in der Gesellschaft** beschrieben. Alle bestimmen gleichberechtigt über das gemeinschaftliche Leben und sind nur den Gesetzen unterworfen, die sie sich vorher gemeinschaftlich gegeben haben. Die **Spannung** zwischen **Freiheit** und **Gleichheit** oder Individualität und Sozialität des Menschen wird von Rousseau **einseitig im Sinne der Gleichheit** aufgelöst. Die Freiheit des Menschen realisiert sich in der totalen Hingabe des Menschen an die Gemeinschaft.

Dieser Zusammenhang wird noch deutlicher, wenn man sich die von ihm dargestellte Bedeutung der **volonté générale** (Gemeinwille) und der **volonté particulière** (Einzelwille) vergegenwärtigt. Denn die Lösung des Problems – einerseits einen Gesellschaftsvertrag zu schaffen, aber andererseits genauso frei wie im Naturzustand zu leben – besteht nach Rousseau darin, dass sich jeder in einer Gesellschaft, „seine Person und seine ganze Kraft unter die oberste Richtschnur des Gemeinwillens“ stellt (Vertrag, I, 6). Rousseau vergleicht die Gesellschaft mit einem Körper, bei dem jeder Mensch als Glied ein untrennbarer Teil des Ganzen ist.

> Der Gemeinwille wird das Gemeinsame in den unterschiedlichen Interessen der Menschen, er bildet das gesellschaftliche Band und ist der Punkt, in dem alle Interessen übereinstimmen. Wenn dieser gemeinsame Punkt, in dem alle Einzelinteressen übereinstimmen nicht existiere, könnte es keine Gesellschaft geben. Die Gesellschaft darf jedoch nur gemäß diesem Gemeininteresse regiert werden. (Vertrag, II, 1)

In diesem Sinne besteht eine **Identität zwischen dem Einzel- und dem Gemeinwillen**, eine Identität von Herrscher und Beherrschten. Dies ist der Grund dafür, dass die Theorie Rousseaus auch **Identitätstheorie** der Demokratie genannt wird. Rousseau unterscheidet auch zwischen dem **Gesamtwillen** (**volonté de tous**) und dem **Gemeinwillen**. Der Gesamtwille ist demnach nichts anderes als die Summe aller Einzelwillen. Nicht den Gesamtwillen, sondern den Gemeinwillen gilt es zu verwirklichen. Denn in der Übereinstimmung des Einzelwillen mit dem Gemeinwillen realisiert sich erst die **wahre Freiheit**. Hierin liegt auch die Begründung für die **Aufhebung der Herrschaft** und der **Identität zwischen Herrschenden und Beherrschten**.

In diesem Ansatz der Identität von Einzelwillen und Gemeinwillen, dies muss an dieser Stelle schon in Vorwegnahme der Kritik an der Theorie von Rousseau gesagt werden, liegt das **Grundproblem des Ansatzes**. Denn wie verwandelt sich der Mensch, der ein Einzelwesen ist, dessen Einzelheit durch den Einzelwillen gekennzeichnet ist, in ein Gemeinschaftswesen? Wie verwandelt sich sein Einzelwillen in einen Gemeinwillen? Oder was geschieht, wenn die Mitglieder einer Gesellschaft den Gemeinwillen nicht sehen oder nicht anerkennen? Rousseau bietet zu diesem Problem eine überraschend einfache Lösung an: Seiner Meinung nach schließt der Gesellschaftsvertrag stillschweigend jene Übereinkunft ein, „die allein die anderen ermächtigt, dass, wer immer sich weigert, dem Gemeinwillen zu folgen, von der gesamten Körperschaft gezwungen wird" (Vertrag, I, 7). Dieser offensichtliche Widerspruch zwischen dem Anspruch auf Freiheit und dem möglichen Zwang gegenüber einigen Gesellschaftsmitgliedern entsteht bei der **inhaltlichen Bestimmung des Gemeinwillens**. Das Problem wird aber noch deutlicher, wenn es um die Beantwortung der Frage geht, in welcher Weise der Gemeinwillen herausgefunden werden soll und wer befugt ist, diesen zu bestimmen.

Rousseaus Identitätstheorie

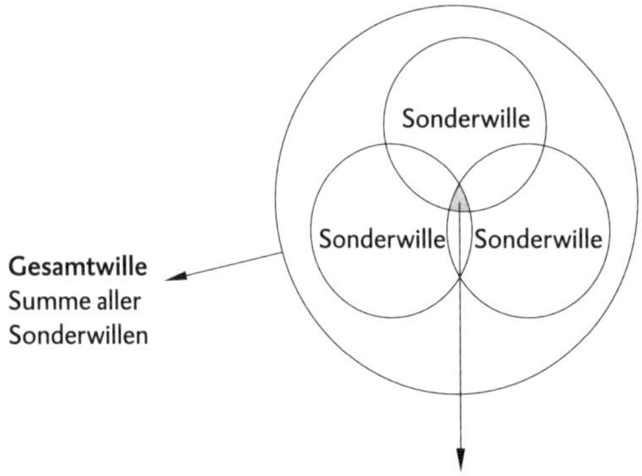

Gemeinwille
Punkt, in dem alle
Interessen übereinstimmen

Wahre Freiheit
- Gehorsam gegenüber Gemeinwillen
- Mehrheitsentscheidung entspricht nicht immer Gemeinwillen
- Minderheit hat sich geirrt

Gleichheit der Gesellschaft
- gleiche Gewalt und Rechte
- ökonomische Gleichheit: Jeder ist ein untrennbarer Teil des Ganzen

Staat bei Rousseau
- alle haben gleichen Anteil an Staatshoheit
- keine Herrschaft, Identität zwischen Herrschenden und Beherrschten
- Grundlage: Gesellschaftsvertrag → Gemeinwille
  → wahrer Wille der Bürger: gehorchen somit eigenem Willen

→ **Gleiche Freiheit wie vor Eintritt in die bürgerliche Gesellschaft**

Identitätslehre und Staatsauffassung

Die Antwort liegt in der Rousseau'schen **Identitätslehre und Staatsauffassung**. Seiner Meinung nach ist die **Souveränität** nichts anderes als die Ausübung des Gemeinwillens und kann niemals veräußert werden. Der Souverän aber ist nichts anderes als ein Gesamtwesen. Dieses kann jedoch nur durch sich selbst vertreten werden. Deshalb kann zwar die **Macht** übertragen werden, aber nicht der Wille (Vertrag, II, 1). Rousseau favorisiert also eine radikal **demokratische Staatsform**, in der das **Volk sich selbst regiert** (direkte Demokratie). Die Souveränität ist „keine Übereinkunft des Überlegenen mit dem Unterlegenen, sondern eine Übereinkunft des Körpers mit jedem seiner Glieder." Und „insoweit die Untertanen nur derartigen Übereinkünften unterworfen sind, gehorchen sie niemandem außer ihrem eigenen Willen" (Vertrag, II, 4).

In der Regel wird der Gemeinwille in der Volksversammlung durch Abstimmung herausgefunden, durch die Diskussion aller Bürger, sofern sie nur gutwillig und gut unterrichtet sind. Hieran wird deutlich, dass Rousseau den Menschen als aktiv und politisch mündig einstuft. Wenn in der Volksversammlung ein Gesetz eingebracht wird, stellt sich aber nicht die Frage, ob die Bürger die Vorlage annehmen oder ablehnen, sondern ob dies ihrem Gemeinwillen entspricht oder nicht. Jeder gibt mit seiner Stimme seine Meinung darüber ab, und aus der Auszählung der Stimmen geht die Kundgebung des Gemeinwillens hervor. Dabei wird davon ausgegangen, dass die Meinung der Minderheit nicht dem Gemeinwillen entspricht und diese sich getäuscht hat.

> Wenn also die meiner Meinung entgegengesetzte siegt, beweist dies nichts anderes, als dass ich mich getäuscht habe und dass das, was ich für den Gemeinwillen hielt, es nicht war. Wenn mein Sonderwille gesiegt hätte, hätte ich gegen meinen eigenen Willen gehandelt und wäre deshalb nicht frei gewesen. (Vertrag, IV, 2)

Aber da der Gemeinwillen vom Gesamtwillen unterschieden werden muss, ist es auch möglich, dass die **Mehrheitsmeinung in konkreten Fällen nicht dem Gemeinwillen** entspricht. Rousseau beharrt darauf, dass der Gemeinwille immer auf dem rechten Weg ist und auf das öffentliche Wohl abzielt, dass die Beschlüsse des Volkes jedoch nicht zwangsläufig richtig sind. Denn das Volk will zwar immer das Rechte, wird aber oft irregeführt oder manipuliert, sodass es manchmal die falschen Entscheidungen trifft.

Bedeutung der politischen Theorie

Rousseaus **volonté générale** erhebt den Anspruch, ähnlich wie ein Naturgesetz **absolut gültig und richtig zu sein**. Was aber, wenn der von Rousseau angenommene Ausgleich der Einzelwillen nicht stattfindet und keine Einstimmigkeit erzielt wird? Dann ist für Rousseau die Minderheit im Irrtum. Wenn sie diesen Irrtum nicht einsieht, muss sie zur Unterwerfung unter den Mehrheitswillen gezwungen werden. Wer an die volonté générale glaubt, kann abweichende Meinungen nicht dulden, da für ihn der Wille der angeblich gut unterrichteten und am Gemeinwohl orientierten Mehrheit unfehlbar ist.

Der Anspruch der Mehrheit, den unfehlbaren Gemeinwillen zu vertreten, wird noch gefährlicher dadurch, dass Rousseau der Minderheit keine Möglichkeit gewährt, lebenswichtige Interessen zu schützen. In seiner Theorie gibt es keine Garantie, die den Einzelnen vor Fehlentscheidungen bewahren könnte. So wird den Menschen **weder ein Widerstandsrecht** zugebilligt, noch gibt es das Prinzip der **Gewaltenteilung**. Rousseau kennt außerdem keine dem Gemeinwillen entzogenen, **unantastbaren Menschenrechte**. Er glaubt, in der Volksversammlung würden sich immer Vernunft und Gerechtigkeit durchsetzen, weil es ihm undenkbar erscheint, dass das Volk sich selbst unvernünftige und ungerechte Gesetze geben könnte.

In Rousseaus Theorie sind Ansätze enthalten, die in den Folgejahren die Grundlage für **zwei unterschiedliche Entwicklungen** in verschiedenen Regierungssystemen bildeten (vgl. Übersicht der Demokratietheorien, S. 86/87). Rousseaus Eintreten für die Beteiligung des ganzen Volkes an der politischen Gewalt gab, historisch betrachtet, dem Gedanken der **Volkssouveränität** in Europa neue Kraft und wurde ein zentrales Ziel der Französischen Revolution. Unter theoretischen Gesichtspunkten beriefen und berufen sich bis heute alle, die eine stärkere **Partizipation der Bürger** verlangen, auf die Theorie von Rousseau. Die Anhänger dieser Ideen geben heute zwar zu, dass zumindest die nationale Politik ohne die Vertretung durch demokratisch gewählte Repräsentanten in den modernen Staaten nicht mehr umsetzbar ist. Diese Repräsentanten sollten allerdings in ihrem Handeln eng an den Volkswillen gebunden sein (imperatives Mandat). Die Entstehung politischer Eliten, deren Arbeit für den Bürger nicht mehr transparent ist, wird strikt abgelehnt.

Eine **andere Schwerpunktsetzung** der theoretischen Aussagen Rousseaus führte jedoch zur Rechtfertigung und theoretischen Legitimierung vieler **diktatorischer Staaten** im 20. Jahrhundert. In Rousseaus Demokratiebegriff sind bestimmte **freiheitsgefährdende Elemente** enthalten, die von späteren Diktatoren zur Errichtung einer Scheindemokratie missbraucht wurden:

- Die Behauptung der Existenz eines unfehlbaren Gemeinwillens;
- die Machtkonzentration bei der Volksversammlung;
- das Fehlen unantastbarer Grundrechte.

Moderne Demokratietheorien: Ein Ergebnis der politischen Praxis

Bei der bisherigen **Behandlung** der politischen Theorien der Antike, des Mittelalters, der Renaissance und der Neuzeit wurde deutlich, dass sich die Diskussion einerseits immer auf ähnliche, grundlegende Fragen des Verhältnisses zwischen Freiheit und gesellschaftlicher Gleichheit, der Legitimation politischer Herrschaft sowie deren Ausgestaltung und Kontrolle bezog.

Andererseits wurden aber häufig verschiedene, durch historische Geschehnisse beeinflusste Antworten gegeben. Bei diesen fällt besonders auf, dass die biografischen, zeitbedingten Erfahrungen zu einer unterschiedlichen Auffassung vom Menschen führten. Aus diesem Selbstverständnis des Menschen – dem anthropologischen Ansatz – zogen die Theoretiker sodann Schlüsse, die oft konträre politische Ordnungsvorstellungen zur Folge hatten.

Ende des 18. Jahrhunderts kristallisierte sich jedoch ein gemeinsames Verständnis heraus, nach dem die **Volkssouveränität** als Voraussetzung für eine gerechte politische Ordnung angesehen wurde, obwohl es auch hier große Unterschiede in der genauen Ausgestaltung der politischen Ordnungsvorstellungen gab, wie die Darstellung der politischen Theorien im letzten Kapitel, besonders derjenigen von John Locke und Jean-Jacques Rousseau, gezeigt hat.

Bei der **Vergegenwärtigung der modernen Demokratietheorien** wird deutlich, dass Bezüge zu den bisher behandelten Theorien hergestellt und im Rahmen moderner gesellschaftlicher Bedingungen und politischer Herausforderungen weiterentwickelt wurden. Gesellschaftliche Entwicklungen sowohl im wirtschaftlichen (z. B. das Entstehen der kapitalistischen Wirtschaft in der industriellen Revolution), als auch im politischen Bereich (z. B. die Loslösung der 13 englischen Kolonien vom Mutterland England) verlangten neue politische Organisationsformen. Diese bedurften einer theoretischen Begründung, die wiederum Bezug nahm auf grundlegende Vorstellungen vom Menschen, seiner Stellung in der modernen Gesellschaft und damit seiner Bedeutung in der Herrschaftsordnung.

Bei der **US-amerikanischen Verfassung** ist dieser Vorgang besonders gut zu beobachten. Sie war die erste Verfassung, in der die Repräsentationstheorie Lockes Bedeutung gewann. Die Verfasser selbst entwickelten also keine neuen Theorien, sondern bauten auf die Überlegungen früherer politischer Theoretiker auf, wobei sie die Ideen auf die politische und gesellschaftliche Realität übertrugen. Die US-amerikanische Verfassung wurde stark von den Autoren der **Federalist Papers** beeinflusst, weshalb deren Argumentation Gegenstand des ersten Unterkapitels ist. Die weitere Entwicklung der politischen Theorie aus der Reflexion der politischen Praxis heraus ist Kennzeichen der meisten modernen Theorien. Dies wird besonders deutlich bei der in diesem Kapitel anschließend zu diskutierenden **modernen Konkurrenztheorie** und der **Pluralismustheorie**. Hier werden die grundlegenden Vorstellungen der früheren Theoretiker zwar akzeptiert, aber die Theorie insgesamt als nicht mehr zeitgemäß für die moderne komplexe Welt angesehen. Beiden Theorieansätzen ist gemeinsam, dass sie im Gegensatz zu den in vorigen Kapiteln besprochenen Theorien nicht zum Ziel haben, die Strukturen einer idealen Staatsform zu ergründen, sondern dass sie sich **mit der Realität in modernen Staaten auseinander setzen** und versuchen, die vorhandene Situation zu erklären und Mittel für ihre Verbesserung zu finden.

Bevor der Einfluss dieser Vorstellungen auf das politische System Deutschlands untersucht wird, sollen die Gedanken des im Jahr 2002 gestorbenen Philosophen **John Rawls** zu einer gerechten Gesellschaftsordnung in unserer modernen Welt behandelt werden. Diese Demokratietheorie ist ein Gegenmodell zu den vorherrschenden realistischen Denkansätzen, die das 20. Jahrhundert prägten, da sie wieder Ideen aus der Zeit der Aufklärung aufgreift.

Der Föderalist: Politik durch Theorie

Viel stärker als die bisher behandelten politischen Theorien, die auch alle einen zeithistorischen Zusammenhang besaßen, sind die politiktheoretischen Aussagen von Alexander Hamilton, James Madison und John Jay, den Autoren des Föderalist, mit **konkreten politischen Auseinandersetzungen** verbunden. Die Verfasser setzten sich mit Ideen aus der Antike und der Zeit der Aufklärung auseinander und integrierten die Erfahrungen der amerikanischen Kolonien mit dem britischen Regierungssystem in ihre politischen Vorstellungen. Die drei Autoren zählen zu den Vätern der amerikanischen Verfassung, da ihre Aufsätze grundlegende Fragen der verfassungsgebenden Versammlung diskutierten, die Gespräche beeinflussten und in eine bestimmte Richtung lenkten.

Konflikt zwischen Bundesgewalt und Autonomie der Einzelstaaten

Die englischen Kolonien hatten sich in der Unabhängigkeitserklärung vom 4. Juli 1776 auf dem Zweiten Kontinentalen Kongress, der alle Funktionen einer obersten gesetzgebenden und ausführenden Gewalt in sich vereinte, von

England losgesagt. Sämtliche 13 Kolonien regierten sich jedoch nach dem englischen Prinzip des „self-government" und vertraten häufig ihre Sonderinteressen. Der mehrere Jahre währende Streit zwischen den Befürwortern der Autonomie der Einzelstaaten und den Unterstützern einer starken Bundesgewalt führte zu heftigen Auseinandersetzungen.

Die Federalists wollten nun nachweisen, dass die von ihnen befürwortete bundesstaatliche Organisation nicht die Preisgabe republikanischer Prinzipien bedeutete. Hierbei muss hervorgehoben werden, dass die Bezeichnung „Federalist" nicht gleichgesetzt werden darf mit dem deutschen Wort Föderalisten. Denn wo in Deutschland der Begriff „föderalistisch" üblicherweise mit einer Ordnung verbunden wird, in der die einzelnen Bundesländer größere Unabhängigkeit genießen, verfochten die Federalists die Idee einer bundesstaatlich orientierten Vereinigung der amerikanischen Staaten.

Hamilton, Jay und Madison verfassten die berühmten 85 Aufsätze, die Federalist Papers.

Alexander Hamilton (1775–1804), James Madison (1751–1836) und John Jay (1745–1829) verfassten die Aufsatzsammlung „The Federalist", um die Bürger New Yorks von den Vorteilen der 1787 in Philadelphia entworfenen aber noch nicht verabschiedeten amerikanischen Verfassung zu überzeugen und sie zu deren Annahme zu bewegen. Jeder hatte spezielle Bereiche, die er in seinen Aufsätzen verteidigte. Das größere **politische Ziel der Autoren**, die ihre Kommentare zum Verfassungsentwurf von Oktober 1787 bis August 1788 in 85 Aufsätzen in New Yorker Zeitungen unter dem Pseudonym „Publius" veröffentlichten, bestand darin, die politische Entwicklung der amerikanischen Staaten von einem lockeren Staatenbund hin zu einem Bundesstaat propagandistisch zu unterstützen. Am 21. Juni 1788 trat die amerikanische Bundesverfassung in Kraft. Die in ihr enthaltenen Gesetze und Regelungen waren ein eindeutiger Beweis dafür, dass sich die Überzeugungen der Federalists durchgesetzt hatten und dass sich die Vereinigten Staaten von Amerika zu einem Bundesstaat mit relativ einflussreicher Zentralregierung entwickeln würden.

Menschenbild

Der anthropologische Ansatz der Autoren der Federalist Papers kann als „realistisch“ bezeichnet werden, da davon ausgegangen wird, dass das Handeln der Menschen eher von Leidenschaften und persönlichen Interessen als von dem Streben nach Gerechtigkeit bestimmt wird. Die somit an die Theorien sowohl von John Locke aber auch von Thomas Hobbes anknüpfende **angelsächsische Konkurrenztheorie der Demokratie** geht nicht von einem einheitlichen Willen des Volkes aus (wie beispielsweise Rousseau mit der Annahme eines Gemeinwillens), sondern betont, dass jeder Mensch ökonomische Interessen und weltanschaulich-politische Ansichten hat, die sich von denjenigen seiner Mitmenschen unterscheiden können. Hierdurch existieren in der Gesellschaft verschiedene Interessengruppen (*factions*), die zwar unerwünscht, aber, durch die Natur des Menschen bedingt, unvermeidlich sind.

Staatsauffassung

Diese Gespaltenheit der Gesellschaft wird von den Autoren des Föderalist als Grund gesehen, warum Regierungen überhaupt eingesetzt werden müssen: „Die Leidenschaften der Menschen werden sich nicht ohne Zwang den Geboten der Vernunft und der Gerechtigkeit fügen“ (Der Föderalist, Nr. 15, S. 103 [12]). Aber: „Gerechtigkeit ist das Ziel der Regierung. Es ist das Ziel der zivilen Gesellschaft“ (Der Föderalist, 51, 299). **Aufgabe des Staates** ist es, trotz dieser verschiedenen Interessen innerhalb der Gesellschaft immer wieder eine verbindliche Entscheidung hervorzubringen.

Im Föderalist Nr. 10 entwirft James Madison, der von 1809 bis 1817 Präsident der USA war, deshalb die Skizze einer „Republik“, d. h. eines Staates mit einer **repräsentativen Regierung**, als ideale Staatsform für die 13 Kolonien. Die beiden wichtigsten Unterschiede zu einer direkten Demokratie sind demnach die repräsentativen Institutionen sowie die große Flächenausdehnung und größere Anzahl von Menschen. Die Republik ist laut Madison die angemessenere, da gemäßigtere und die Freiheit sowie das Gemeinwohl besser realisierende Staatsform gegenüber der unmittelbaren Stadtstaat-Demokratie. Dies liegt daran, dass es Vertretern von Interessengruppen bei einer größeren Anzahl von Menschen, die mehreren verschiedenen *factions* angehören, schwer fällt, eine Mehrheit zu erlangen und eine einseitige Politik zu verwirklichen.

Jene politischen Theoretiker, so Madison, die die „reine Demokratie“ vorziehen, nehmen irrigerweise an, dass, wenn man die Menschen zur völligen Gleichheit hinsichtlich ihrer politischen Rechte bringt, sie gleichzeitig in Bezug

12 Der Föderalist (The Federalist); Übers./Hg. Felix Ermacora, Wien 1958

auf ihr Eigentum, ihre Meinungen und ihre Leidenschaften vollkommen gleich und ähnlich werden. Es gibt jedoch kein übergeordnetes Gemeinwohl, sondern nur einen **gerechten Ausgleich zwischen den Interessen** der verschiedenen Gruppen in der Gesellschaft. Madison bezeichnet vor allem das **Eigentum** und seine Verteilung als Quelle von Egoismus und Streit. Er sieht die Lösung aber keineswegs in der Abschaffung des Privateigentums, sondern in der Schaffung der für diese gesellschaftliche Situation adäquaten institutionellen Regelungen.

In der damit entwickelten angelsächsischen Konkurrenztheorie wird das **repräsentative System** also eher von der Frage der **Funktionsfähigkeit** des politischen Systems her – in einer Gesellschaft mit vielfältigen weltanschaulich-religiösen und ökonomischen Interessen – begründet. Hierin ist auch der Unterschied zu der Theorie von Locke zu sehen: In dessen politischer Theorie steht das Individuum im Mittelpunkt des Interesses. Wenn auch der letztgenannte Aspekt in der Argumentationsweise der Föderalisten natürlich nicht verloren geht, so wird die Verschiebung der Perspektive doch deutlich.

Die **Aufgabe der republikanischen Institutionen** – des Präsidenten, des Repräsentantenhauses (den in den Wahlkreisen gewählten Abgeordneten), des Senats (der Vertretung der einzelnen Bundesstaaten) und des obersten Gerichtshofes – besteht in der Sicherung der genau beschriebenen staatsbürgerlichen und religiösen Rechte. Da Machtkonzentration die Freiheit gefährdet, werden in Bezug auf Montesquieus **Gewaltenteilungslehre** die Gewalten getrennt, obwohl die Funktionsfähigkeit des Systems eine partielle Verschränkung der Gewalten erfordert. Folgende **Elemente konstituieren demnach die Republik** und werden im Föderalist Nr. 9 von Hamilton aufgelistet:

- Die Gewaltenteilung;
- eine mit wechselseitigen Hemmungen und Gleichgewichten ausgestattete Legislative;
- die Unabhängigkeit und Unabsetzbarkeit der Richter;
- die Repräsentation des Volkes durch Abgeordnete eigener Wahl;
- die Ausdehnung der politischen Organisation auf ein großes Territorium.

Gerade in der räumlichen Ausdehnung der Union sehen Hamilton, Madison und Jay die Chance, die sich streitenden Interessengruppen, die in Parteien, regionalen Gruppen, Sekten, Vereinen usw. ihren Ausdruck finden, zu kontrollieren und zu einer positiven Konkurrenzsituation zu bringen. Die Zusammenfassung der einzelnen Staaten ist deshalb ein wesentliches Element, der Gefahr von Cliquenbildung und der damit einhergehenden Machtkonzentration entgegenzuwirken, durch die die Rechte der anderen Bürger im Staat eingeschränkt werden können.

Die Verfassung der USA

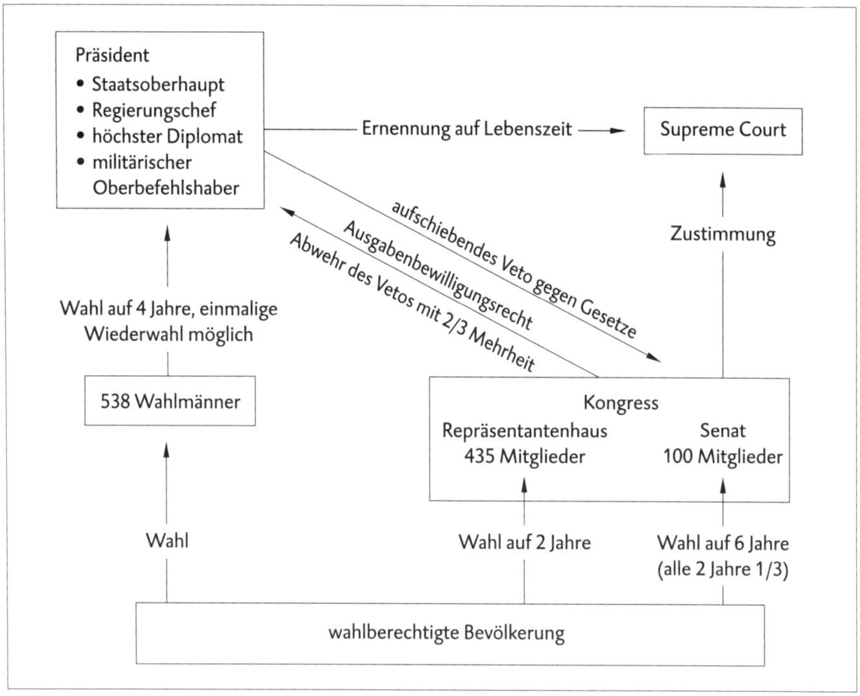

Bedeutung der politischen Theorie

Das wichtigste Zeugnis für die große Bedeutung der theoretischen Ausarbeitungen im Föderalist ist natürlich die **amerikanische Verfassung**, in der zentrale Gedanken der Verfasser umgesetzt wurden. Dies wird deutlich, wenn man die Struktur des amerikanischen politischen Systems mit den auf der vorigen Seite aufgelisteten Elementen vergleicht, die nach dem Föderalist Nr. 9 eine Republik ausmachen. Die USA besitzen ein präsidentielles Regierungssystem, in dem die drei Gewalten Legislative, Exekutive und Judikative institutionell voneinander getrennt, aber in der Politikgestaltung auch aufeinander angewiesen sind. Dieses **System der Gewaltenteilung** und gegenseitigen Kontrolle (*checks and balances*) gilt als Garantie für einen stabilen Staat, in dem die Rechte der Bürger geschützt und Machtmissbrauch verhindert wird. So ist für die Verabschiedung eines Gesetzes die Zustimmung beider Häuser des Kongresses erforderlich. Gegen die verabschiedeten Gesetze hat der Präsident ein Vetorecht, das nur mit einer Zwei-Drittel-Mehrheit beider Häuser überstimmt werden kann. Der Präsident bedarf der Zustimmung des Senats zur Ratifizierung außenpolitischer Verträge (Zwei-Drittel-Mehrheit) und zur Ernennung der obersten Bundesbeamten. Die USA wurden mit dieser Verfassung zur ersten modernen Demokratie und zum Vorbild für andere Verfassungen, insbesondere die der Französischen Revolution. Die **Federalist Papers** entstanden aus der politischen Praxis und enthalten **politiktheoretische Bedeutung** für die Begründung einer modernen Republik als Flächenstaat. Darüber hinaus werden sie gleichzeitig als authentischer Verfassungskommentar benutzt.

Moderne Konkurrenztheorie: Demokratie als Methode der Herrschaftsbestellung

Zeitumstände und Erkenntnisinteresse

Im Gegensatz zur angelsächsischen Konkurrenztheorie der Demokratie, wie sie z. B. in den Federalist Papers zu finden ist und im amerikanischen politischen System auch realisiert wurde, handelt es sich bei der **modernen Konkurrenztheorie** um eine Interpretation der demokratischen politischen Ordnung, die in der ersten Hälfte des vorigen Jahrhunderts in der Auseinandersetzung mit anderen politischen Theorieansätzen und politischen Ideologien entwickelt wurde (vgl. Übersicht der Demokratietheorien, S. 86/87). Der **Hauptvertreter** dieses Ansatzes, der österreichische Nationalökonom **Joseph A. Schumpeter** (1883–1950), setzte sich in seinen Überlegungen mit dem Marxismus-Leninismus auseinander.

In seinem Hauptwerk „Kapitalismus, Sozialismus und Demokratie" versuchte er, die zukünftige Entwicklung des kapitalistischen Systems vorherzusagen. Hierbei ist im Zusammenhang mit der politischen Theorie insbesondere von Interesse, wie Joseph Schumpeter die politische Ordnung der Demokratie beschreibt und beurteilt. Mithilfe seiner Analyse können wichtige Aspekte der modernen Demokratie herausgestellt werden.

Demokratieauffassung: Kritik an Rousseau

Schumpeters Anspruch ist es, ein **realistisches**, auf der Empirie basierendes Modell von Demokratie zu entwickeln. Die moderne Konkurrenztheorie betrachtet die Demokratie grundsätzlich als ein **System von Spielregeln**, innerhalb dessen Konflikte ausgetragen werden. Demokratie ist also nicht ein Ideal, das all die Errungenschaften der vorigen Jahrhunderte, die in den Forderungen der Französischen Revolution nach Freiheit, Gleichheit und Brüderlichkeit deutlich werden, beinhaltet, sondern „eine politische Methode, das heißt: Eine gewisse Art institutioneller Ordnung, um zu politischen – legislativen und administrativen – Entscheiden zu gelangen" (Kapitalismus, Sozialismus und Demokratie, S. 427 f. [13]). Schumpeter **kritisiert** diejenigen Demokratieansätze, die von einem feststellbaren Volkswillen ausgehen wie z. B. die Identitätstheorie Rousseaus. Das **identitäre Demokratiemodell** stimmt nach Schumpeter nicht mit der Verfassungswirklichkeit in modernen demokratischen Großflächenstaaten überein und ist überholt. Die moderne Konkurrenztheorie hat nicht zum Ziel, die Demokratie normativ zu begründen, sondern geht von vorfindbaren, empirisch feststellbaren Tatbeständen in modernen Gesellschaften aus und versucht, daraus ein funktionales realitätsnahes System zu entwickeln.

Menschenbild

Der modernen Konkurrenztheorie liegt ein Menschenbild zugrunde, in dem der Mensch weniger als *zoon politikon*, sondern eher als „Privatmann" und „politischer Konsument" gesehen wird. Die Theorie geht davon aus, dass in der zunehmend komplexeren Welt dem einzelnen Bürger tendenziell die Kompetenz für politische Entscheidungen fehlt, weil es zum einen oft an Information mangelt und zum anderen die Gefahr von Manipulation besteht. Die moderne Konkurrenztheorie nimmt außerdem an, dass die Bürger zunächst ihren Geschäften und ihren Interessen nachgehen und das politische Engagement nicht das primäre Anliegen des Bürgers ist. Deshalb unterbreitet die politische Elite den Bürgern „**Angebote**" über die **Lösungsvorschläge politischer Probleme** und diese wählen unter den Ansätzen aus. **Politik** ist bei Schumpeter also ein **Geschäft der Eliten** (Kapitalismus, 466 f.).

Staatsauffassung und Rolle des Bürgers

Schumpeter kritisiert die Identitätstheorie Rousseaus vor allem deshalb, weil sie von einem Gemeinwillen des Volkes ausgeht und die Hauptaufgabe der demokratischen Politik darin sieht, diesen „vorgegebenen" Volkswillen zu vollziehen. Er nennt diesen Ansatz „klassische Theorie" und sagt:

> Es sei daran erinnert, dass unsere Hauptschwierigkeiten bei der klassischen Theorie sich um die Behauptung gruppierten, dass „das Volk" eine feststehende und rationale Ansicht über jede einzelne Frage besitzt und dass es – in einer Demokratie – dieser Ansicht dadurch Wirkungskraft verleiht, dass es „Vertreter" wählt, die dafür sorgen, dass diese Ansicht ausgeführt wird. (Kapitalismus, 427 f.)

13 Joseph A. Schumpeter: Kapitalismus, Sozialismus und Demokratie; Übers. Susanne Preiswerk, München 1950 (New York 1942); im Folgenden zitiert als „Kapitalismus"

Nach Schumpeter besteht die Rolle des Volkes vielmehr darin,

> [...] eine Regierung hervorzubringen oder sonst eine dazwischen geschobene Körperschaft, die ihrerseits eine nationale Exekutive oder Regierung hervorbringt. Und wir definieren: Die demokratische Methode ist diejenige Ordnung der Institutionen zur Erreichung politischer Entscheidungen, bei welcher Einzelne die Entscheidungsbefugnis vermittels eines Konkurrenzkampfs um die Stimmen des Volkes erwerben. (Kapitalismus, 428)

Die **Aufgabe des Volkes** wird bei Schumpeter also auf die **Herrschaftsbestellung** reduziert. Entweder bestimmt es die Spitze der Exekutive in direkter Form, etwa durch die Wahl des Präsidenten wie in Frankreich, oder es wählt repräsentative Organe, wie den deutschen Bundestag, der wiederum den Bundeskanzler wählt. Der Konkurrenzkampf unter den Parteien bezieht sich somit auf die Stimmen des Volkes und der so charakterisierte Willensbildungsprozess mündet in der Bestellung des Herrschaftspersonals. Das zentrale Ziel dieser demokratischen Methode sieht Schumpeter in der demokratisch legitimierten Regierung, die die allgemein verbindlichen Entscheidungen trifft. Die Beteiligung der Bürger an der Politik über die Wahlen hinaus lehnt er ab.

Die Auffassung der sich in diesem Demokratiemodell niederschlagenden „Methodisierung des Demokratiebegriffs" als dem **Konkurrenzkampf um die Stimme des Volkes** ist mit dem **Repräsentationsgedanken** und den repräsentativen demokratischen Institutionen zu verbinden. Gleichzeitig wird mit der Theorie der politischen Eliten die Abgrenzung von denjenigen Demokratieansätzen deutlich, die – in Anlehnung an Rousseau – Demokratie oder „Demokratisierung" im Sinne der Herstellung von Gleichheit verstehen.

Bedeutung der politischen Theorie

Die Leistungen des von Schumpeter erarbeiteten Demokratiemodells liegen in mehreren Aussagen, die heute allgemein als richtig anerkannt werden. So wird z. B. die **Existenz eines allgemein gültigen Gemeinwohls weitgehend negiert**. Auch die **Manipulierbarkeit der Wähler** oder das **wettbewerblich organisierte Parteiensystem** sind von Schumpeter diskutierte Aspekte, die heute bei der Analyse demokratischer Systeme eine wichtige Rolle spielen.

Die **Kritik** an der modernen Konkurrenztheorie setzt an dem Menschenbild an: So wird ihr vorgeworfen, dass sie den in einem politischen System stattfindenden Willensbildungsprozess, der z. B. über den Einfluss von Verbänden oder Bürgerinitiativen auf die politische Arbeit stattfindet, vernachlässigt. Außerdem wird kritisiert, dass die Theorie den **aktiven Bürger** aus den Augen verliert und die Bestimmung gesellschaftlicher Ziele und darauf ausgerichteter Aktivitäten (extrem formuliert) als Bedrohung von Stabilität und Funktionstüchtigkeit erscheinen lässt. Ein weiterer Aspekt der Kritik ist die Methode Schumpeters: Durch die rein empirische Vorgehensweise und das wertfreie Verständnis von Demokratie – Demokratie als bloße Legitimierung von politischen Entscheidungsträgern – verfestigen sich eben diese (in vielen Demokratien zu beobachtenden) negativen Aspekte wie **Politikverdrossenheit** und **Apathie der Bürger** und werden bald als Normalzustand einer demokratischen Ordnung verstanden. Wären die Ideen der modernen Konkurrenztheorie als einzige Interpretation der politischen Ordnung gültig, würde sich bei einer solchen, ausschließlich funktionalen Betrachtungsweise das Desinteresse der Bürger an der Politik oder die geringe Wahlbeteiligung gerade als die Voraussetzung parlamentarischer Regierungsweise darstellen.

Pluralismustheorie: Konkurrenz der Interessen

Nicht zuletzt wegen der genannten Erklärungsdefizite bezüglich der Partizipationsmöglichkeiten der Bürger in einer modernen demokratischen politischen Ordnung wurden die Überlegungen der modernen Konkurrenztheorie der Demokratie zu einer **Pluralismustheorie** weiterentwickelt. Der berühmteste Vertreter der neuen Theorie war der deutsche Politikwissenschaftler **Ernst Fraenkel** (1898–1975). Die Pluralismustheorie nimmt die komplexe Struktur der modernen Gesellschaften, die in der Vielfalt von Vereinen, sozialen Milieus und Gruppen, Kirchen, Interessenverbänden und nicht zuletzt in dem politischen Mehrparteiensystem seinen Ausdruck findet, zum Zentrum ihrer Untersuchung (vgl. Übersicht der Demokratietheorien, S. 86/87).

Menschenbild und gesellschaftliche Grundregeln

Das Menschenbild, von dem die Pluralismustheorie ausgeht, orientiert sich stark an der Realität: Der Mensch in der differenzierten und pluralistisch organisierten Gesellschaft verfolgt von Natur aus seine eigenen Interessen und ist deshalb **Mitglied in verschiedenen Gruppen**, die auf gesellschaftlicher Ebene eine Vielzahl von Interessen artikulieren. Im Pluralismus werden im Gegensatz zu „geschlossenen" Gesellschaftsstrukturen, wie sie z. B. in kommunistischen Gesellschaften vorzufinden sind, Konflikte als legitim und notwendig anerkannt. Allerdings wird die Geltung eines „**Konsensus**", einer – zumindest minimalen – Übereinstimmung aller Gesellschaftsmitglieder über einige

Grundwerte des Zusammenlebens gefordert. Zu diesem Konsens gehören in Deutschland z. B. die Menschenrechte, die wichtigsten Verfassungsprinzipien sowie das Ziel der sozialen Gerechtigkeit, wie dies auch immer im Detail von den verschiedenen Gruppen und Parteien inhaltlich interpretiert wird. Letztlich geht die Pluralismustheorie von der Annahme aus, dass die in der Gesellschaft notwendigerweise existierenden Konflikte zwischen den Interessengruppen in einen Konsens einmünden, sodass das gesellschaftliche Gleichgewicht immer wieder hergestellt wird. Wichtig für die Funktionsfähigkeit pluralistischer Gesellschaften ist jedoch nicht nur die Anerkennung einer gemeinsamen Wertebasis, sondern auch die Einhaltung bestimmter **Grundregeln**. Dieses Problem fasst der amerikanische Parteienforscher Seymour Lipset, bezogen auf die **Spielregeln** der politischen Auseinandersetzungen, zusammen:

> Eine stabile Demokratie kann nur da existieren, wo sich ein Konflikt oder ein Auseinanderklaffen der Meinungen offenbart, sodass Kämpfe um Vormachtstellungen, Angriffe gegen Regierungsparteien möglich sind: Aber ohne gegenseitige Zustimmung – ein politisches System, welches dem friedlichen „Kräftespiel", der Anerkennung von Entscheidungen der Regierungspartei seitens der Opposition und von Rechten der Opposition seitens der Regierungspartei Raum lässt – ohne diesen „Konsens" kann es keine Demokratie geben. [14]

Was hält die pluralistische Gesellschaft zusammen?

Die in der pluralistischen Gesellschaft als Ausdruck der Freiheit gewünschten Konflikte werden auf der Ebene des demokratischen politischen Systems nach bestimmten Regeln gelöst, da ein gemeinsames Interesse an der Erhaltung dieser Spielregeln und des Basiskonsens über die notwendige Existenz dieser pluralistischen Gesellschaft existiert. Wie ist in diesem Zusammenhang die **Hobbesianische Frage** zu beantworten? Hobbes war der Meinung, dass ohne einen starken Staat der Egoismus der Individuen und Gruppen die Gesellschaft wieder in einen Zustand des Bürgerkrieges zurückführt. Auf die moderne Gesellschaft übertragen geht es also um die Frage, wie ein pluralistisches System existieren kann, ohne sich in ein Chaos unkoordinierter Gruppenpolitiken und antagonistischer Gruppenkonflikte aufzulösen.

In der Pluralismustheorie wird diese Frage mit zwei in der Gesellschaft zu beobachtenden Tatbeständen beantwortet. Zum einen wird die Tatsache der **mehrfachen Mitgliedschaft** genannt. In der Regel gehört nämlich jeder Einzelne gleichzeitig mehreren Gruppen an, sodass es jede Gruppe in der Verfolgung exklusiver Ziele vermeiden muss, ihre Mitglieder **intensiven Interessen-** oder **Loyalitätskonflikten** auszusetzen. Zum Beispiel ist der Arbeitnehmer,

14 Informationen zur politischen Bildung: Demokratie – Rechtsstaat – Sozialstaat, H. 165, S. 5, Bonn 1992

der sich mit dem von der Gewerkschaft durchgeführten Streik für eine Lohnerhöhung solidarisiert, gleichzeitig auch Konsument. In dieser Rolle ist er nicht an Preiserhöhungen interessiert, die mit einer großen Lohnerhöhung durch die Verteuerung der Produkte (höhere Löhne werden von Produzenten auf Preise umgelegt) einhergehen können. Außerdem will er, trotz seines Kampfes für die Lohnerhöhung, nicht den Konkurs seines Betriebs herbeiführen. In diesem Ziel sind sich die Kapitaleigner und die Arbeitnehmer wiederum einig und die Interessen überschneiden sich. Hier wird dann der zweite Aspekt, die **Effektivität latenter Interessen**, angeführt. Den Mitgliedern aller Gruppen ist das latente, also oft unausgesprochene, aber den Handlungen auch zugrunde liegende, **Interesse an der Erhaltung der demokratisch-pluralistischen Ordnung** selbst gemeinsam. In dem genannten Beispiel liegt das gemeinsame Interesse im Erhalt der sozialen Marktwirtschaft. Dieses latente Interesse an dem Erhalt der demokratischen politischen Ordnung, so die Theorie, braucht nicht organisiert zu sein, solange keine politisch aktive Gruppe dagegen verstößt. Widerstand ist aber jederzeit mobilisierbar, sobald das gemeinsame Interesse an der Einhaltung demokratischer Spielregeln verletzt wird und äußert sich dann entweder in der politischen Aktion spontan mobilisierter Gruppen oder wenigstens in verminderter Unterstützung durch andere Gruppen und die eigene Mitgliedschaft.

Bedeutung der politischen Theorie

Viele Strukturelemente in der bundesdeutschen Demokratie (Mehrparteienprinzip, Chancengleichheit für alle politischen Parteien, Recht auf Opposition etc.) werden als Teilaspekte in der Pluralismustheorie thematisiert. Das **Demokratieverständnis des Grundgesetzes** geht entsprechend der **Pluralismustheorie** davon aus, dass in einer pluralistischen Gesellschaft verschiedene Interessen existieren, die gleichermaßen legitim sind. Opposition gilt folglich als ein fundamentaler Bestandteil der Demokratie. Da es kein vorgegebenes Gemeinwohl gibt, wie dies bei Rousseaus Identitätstheorie der Demokratie vorausgesetzt wird, sondern die politische Auseinandersetzung um die beste Lösung geführt werden muss, kann nur das **Mehrheitsprinzip** als Grundlage für politische Entscheidungen dienen. Diese Entscheidungen können auch nur unter Einbeziehung der verschiedenen Interessenverbände, die die komplexe Zusammensetzung der Gesellschaft widerspiegeln, getroffen werden.

Weiterhin sind auch **demokratische Spielregeln** verbindlich. Sie bilden neben den Grundrechten den für den Pluralismus notwendigen Konsens. Die als unveräußerlich angesehenen Grundrechte können auch durch das Mehrheitsprinzip nicht angetastet werden. In den Grundprinzipien der Verfassung und in den Grundrechten wird jedoch keine Gesellschaftsordnung im Detail festgelegt. Die **Ausgestaltung** der **Gesellschaftsordnung**, also die genaue Regelung der Wirtschaftsordnung (Unternehmensrecht, Vermögensbildung, Mitbestimmung etc.) oder die Ausgestaltung des Sozialsystems (Renten-, Unfall-, Kranken-, Invalidenversicherung etc.) ist **Gegenstand der Auseinandersetzung** zwischen gesellschaftlichen Gruppen und politischen Parteien.

„Im Namen des Eigennutzes!" Kritiker sehen in der Macht der Verbände eine große Gefahr für die pluralistische Gesellschaftsordnung.

An diesem Punkt setzt allerdings auch die **Kritik an der Pluralismustheorie** an: Stimmt die Grundannahme, nach der die **Interessen** der Individuen in den verschiedenen Interessengruppen tatsächlich ihren Niederschlag finden und in die **Politik der Organisationselite** eingehen? Ist es nicht eher so, dass die Vorstände der verschiedenen Interessenorganisationen die Politik bestimmen und diese dann nur noch von den Mitgliedern nachvollzogen wird?

Ein weiterer Kritikpunkt richtet sich auf den **gesamtgesellschaftlichen Einfluss der Verbände**, der nach Meinung der Kritiker von der Pluralismustheorie falsch eingeschätzt wird. Einerseits sind die Verbände die Interessenvertreter der Bürger. Der verfassungsrechtliche Schutz der Verbände ist deshalb in allen Demokratien durch gesetzliche Bestimmungen gewährleistet. In der Bundesrepublik Deutschland geschieht dies durch Artikel 9 GG (Vereinigungsfreiheit), wonach alle deutschen Bürger das Recht haben, Vereine und Gesellschaften zu bilden (Art. 9 Abs. 1 GG). Gleichzeitig werden in Art. 9 Abs. 2 GG die Grenzen der Verbandstätigkeit aufgezeigt, da Vereinigungen, deren Zwecke oder Tätigkeit gegen Strafgesetze oder die verfassungsmäßige Ordnung verstoßen, verboten sind. Das Grundgesetz hebt besonders das Recht hervor, Gewerkschaften und Arbeitgeberverbände zu gründen, da diese für die Schaffung der Lebens- und Arbeitsbedingungen der Menschen in der sozialen Marktwirtschaft von besonderer Bedeutung sind (Art. 9, Abs. 3, Satz 1 GG).

Andererseits besteht gleichzeitig – ein Widerspruch in sich selbst – in der Tätigkeit der Interessenverbände eine **Gefahr für den Bürger**, wenn einzelne Verbände so mächtig werden, dass sie die Institutionen des politischen Systems unter Druck setzen können und diese ihrem eigentlichen Auftrag, nämlich sich für die Interessen der Gesamtbevölkerung oder für die Interessen einzelner, z. B. schwacher gesellschaftlicher Gruppen einzusetzen, nicht mehr nachkommen können. Diese Gefahr für das Gemeinwohl, die von Verbänden ausgeht, kann von den Bürgern jedoch durch verschiedene Maßnahmen (Mitgliedschaft in Interessenverbänden, Parteien, Bürgerinitiativen) kontrolliert werden.

Neokorporatismus: Die Macht der Elite in Staat und Gesellschaft

Die Theorie des Neokorporatismus entstand in den 1970er-Jahren aus der beschriebenen Kritik am Pluralismus. Sie nimmt die in der Politik zu beobachtende enge **Verflechtung zwischen dem Staat und den Verbänden** als Schwerpunkt ihrer Betrachtung. Wichtige Vertreter dieser Theorie sind Ulrich von Alemann und Gerhard Lehmbruch. Die Neokorporatisten werfen der Pluralismustheorie vor, dass diese die starke Verflechtung zwischen den Verbänden und dem Staat unzureichend erklärt, weil sie davon ausgeht, dass die vielfältigen Interessen „nur" auf die Entscheidungen im politischen System Einfluss zu nehmen versuchen. Hierbei wird aber die **Einbindung der großen Verbände in die staatliche Administration** nicht in Betracht gezogen. Der Neokorporatismus betont, dass bereits schon bei der Erstellung von Gesetzesentwürfen Stellungnahmen der betroffenen Organisationen eingeholt werden und somit die Interessenverbände oft tätig sind, bevor sich die gewählten Vertreter mit den entsprechenden Themen beschäftigen.

Diesem in der Praxis der Politik festzustellenden Tatbestand wird allerdings in der theoretischen Diskussion als **Kritik** auch entgegengehalten, dass die **politischen Parteien**, die sowohl mit ihren Parteimitgliedern als auch mit der Ministerialbürokratie und dem Parlament verknüpft sind, diesem Übergewicht entgegenwirken können. Die Gefahr autoritärer Herrschaft, die sich durch die enge Verbindung von Verbandseliten und Ministerialbürokratie auszeichnet, ohne dass Parlament und Parteien diese kontrollieren, kann auch langfristig gebändigt werden, wenn eine **demokratische, kritische Öffentlichkeit** existiert und die Bürger sich aktiv in Verbänden, Parteien, Bürgerinitiativen etc. engagieren. Insbesondere das Weiterbestehen der Tarifautonomie ist in diesem Zusammenhang wichtig.

John Rawls: Gerechtigkeit als Fairness

Bei den bisher dargestellten und diskutierten modernen politischen Demokratietheorien wurde hauptsächlich von einem realistischen Ansatzpunkt ausgegangen und den normativen Fragen ein geringeres Gewicht beigemessen. Der US-amerikanische Philosoph **John Rawls** (1921–2002) verfasste 1971 das Buch „Eine Theorie der Gerechtigkeit", in dem er untersuchte, wie unter den Bedingungen des liberal-demokratischen Wohlfahrtsstaates eine allgemeine Gerechtigkeit hergestellt werden kann. Sein Ziel war es, Grundsätze für eine gerechte Gesellschaftsordnung zu entwickeln, die von allen Gesellschaftsmitgliedern nach vernünftiger Überlegung als verbindlich akzeptiert werden können. Rawls verbindet in seiner Theorie vertragstheoretische Aspekte in der Tradition von Locke und Rousseau mit modernen spieltheoretischen Gesichtspunkten. Er greift also auf klassische Methoden wie die Idee des Gesellschaftsvertrags zurück und stellt die Frage nach einer guten Ordnung in den Mittelpunkt seiner Überlegungen. Diese Rückbesinnung auf die Theorien aus der Zeit der Aufklärung bildet einen Gegensatz zu den anderen politischen Denkschulen des 20. Jahrhunderts.

Menschenbild und Gesellschaftsvertrag

Rawls geht vom vernunftbegabten Menschen aus, der in erster Linie seine eigenen Interessen verfolgt. Aus diesem Grund schließt sich der Mensch auch mit anderen zusammen, da nur im Rahmen einer gesellschaftlichen Zusammenarbeit die Probleme der modernen Welt zu bewältigen sind. Eine gerechte Gesellschaft muss nach Rawls auf dem Konsens freier, gleichberechtigter und rational handelnder Individuen beruhen. Die Kriterien, die eine gerechte Gesellschaft erfüllen muss, versucht Rawls mithilfe eines **Gedankenexperiments** festzustellen. In einer herrschaftsfreien Ausgangssituation (Urzustand) wird über die zukünftigen grundlegenden Prinzipien der Gesellschaft beraten, z. B., ob es Arme und Reiche geben oder wie die gesellschaftliche Stellung von Mann und Frau aussehen soll. Dieser „Urzustand", in dem eine faire und gleiche Verhandlungssituation besteht, ist gekennzeichnet durch folgende Annahmen:

- Gruppe von Personen, die miteinander die Grundstruktur ihrer Gesellschaft, ihre Gerechtigkeitsprinzipien festlegen wollen.
- Interessenharmonie: Zusammenarbeit ist wünschenswert und möglich.
- Interessenkonflikte: Wie werden die Früchte der Zusammenarbeit verteilt?

- Die Personen sind rational und auf die Erfüllung der eigenen Interessen bedacht, jedoch frei von Neid.
- Über den Personen liegt ein Schleier des Nichtwissens, sie besitzen nur allgemeines jedoch kein individuelles Wissen. D. h. sie wissen nichts über sich selbst, ihre soziale Stellung, Interessen, Kenntnisse, Talente usw. Damit soll gewährleistet werden, dass der Festlegung der Gesellschaftsstrukturen keine egoistischen Beweggründe zugrunde liegen, sondern dass die Gerechtigkeitsprinzipien nur unter allgemeinen Gesichtspunkten bestimmt werden.

In dieser Situation stellt sich dann die Frage nach einer gerechten und fairen Organisation des gesellschaftlichen Zusammenlebens:

> Fragen der Gerechtigkeit und Fairness ergeben sich dann, wenn freie Personen, die keine Herrschaft übereinander ausüben, sich an gemeinschaftlichen Institutionen beteiligen und untereinander die Regeln, die diese Institutionen definieren und die sich ergebenden Anteile an Nutzen und Lasten bestimmen, untereinander festlegen beziehungsweise anerkennen. (Eine Theorie der Gerechtigkeit, S. 127 [15])

Ziel des Gedankenexperiments von Rawls ist es also zu erfahren, für welche Grundsätze sich freie und vernünftige Menschen in einer fairen und gleichen Ausgangssituation in ihrem eigenen Interesse entscheiden würden.

Die zwei Grundsätze der Gerechtigkeit

Nach Rawls einigen sich die Personen auf zwei Prinzipien, die in der zukünftigen Gesellschaft allen gesetzgeberischen und politischen Handlungen zugrunde gelegt werden. Das Prinzip der **politisch-rechtlichen Gleichheit** besagt, dass jeder das „gleiche Recht auf die größte Freiheit" besitzt, „sofern sie mit der gleichen Freiheit für alle vereinbar ist" (Gerechtigkeit, 37). Bei diesem Prinzip handelt es sich um die liberale Auffassung, wie sie schon von John Locke formuliert wurde. Das zweite Prinzip, nach dem sich rational handelnde Personen bei der Regelfestlegung ausrichten, ist das Prinzip der **Chancengleichheit**. So meint Rawls, dass soziale und wirtschaftliche Ungleichheiten dann akzeptabel sind, wenn sie zu „jedermanns Vorteil" gereichen (Gerechtigkeit, 37). Diese Bedingung und die Tatsache, dass Ämter allen offen stehen müssen, sind die Voraussetzung für die Bereitschaft, Ungleichheiten in den Institutionen der Gesellschaft (z. B. Unterschiede beim Gehalt) zu tolerieren. Bei der Übertragung dieser Prinzipien auf die Gesamtgesellschaft stellen sie sich sodann als Begründungen für die Strukturprinzipien moderner politischer Ordnungen dar:

15 John Rawls: Eine Theorie der Gerechtigkeit (A Theory of Justice); Übers. Joachim Schulte, Hg. Otfried Höffe, München 1977; im Folgenden zitiert als „Gerechtigkeit"

> Wird der Gerechtigkeitsbegriff auf die grundlegende Struktur des politischen und sozialen Systems angewendet, so handelt es sich bei den mit diesem Begriff verknüpften Prinzipien um die beiden folgenden:
> 1. Jeder daran Beteiligte oder davon Betroffene hat gleiches Anrecht auf die weitest reichende Freiheit, die noch mit gleicher Freiheit für alle verträglich ist;
> 2. Ungleichheiten (wie sie durch das Muster der Verteilung von Rechten und Pflichten definiert und erlaubt werden) sind willkürlich, es sei denn, es besteht die vernünftige Erwartung, dass sie sich zu **jedermanns Nutzen** entwickeln werden und unter der Voraussetzung, dass die **Positionen und Ämter**, denen sie zukommen oder aus denen sie sich gewinnen lassen, **allen offen stehen**. (Gerechtigkeit, 128)

Zur Begründung, warum sich die Menschen für diese beiden Gerechtigkeitsprinzipien entscheiden, nennt Rawls folgende Punkte: Zum einen garantiert das erste Prinzip die Sicherung der Freiheit für alle, was ein zentrales Anliegen aller Menschen ist. Zum anderen müssen die Menschen wegen dem Schleier des Nichtwissens bei ihrer Entscheidung nach der Maximin-Regel vorgehen und sicherstellen, dass auch die schlechtest mögliche Position in der Gesellschaft noch annehmbar ist, was die Akzeptanz des zweiten Prinzips bedeutet.

Gerechtigkeitsprinzip und Gerechtigkeitssinn

Trotz der Bezugnahme auf den „rational handelnden" Menschen ist noch nicht geklärt, warum diejenigen, die überzeugt sind, dass sie in der Gesellschaft eine hohe gesellschaftliche Position erreichen können, diese Regeln akzeptieren und nicht, wie dies z. B. Hobbes annimmt, ihren Egoismus ohne Rücksicht auf ihre Mitmenschen durchsetzen werden. Bei Rawls' Beantwortung dieser Frage wird der **normative Kern** der Theorie deutlich.

Der letzte Grund moralischer Prinzipien besteht nach Rawls in der **Anerkennung des anderen als Person** mit den gleichen Grundbedürfnissen und ähnlichen Interessen und Gefühlen. Dabei geht er davon aus, dass die Verbindung zwischen dem in der Alltagssituation einsehbaren Prinzip der Solidarität und den für die Gesamtgesellschaft gültigen Prinzipien letztlich in der **Moralauffassung** besteht, und dass die für richtig erkannten Prinzipien auch dann Gültigkeit haben, wenn sie sich auf fremde Personen beziehen. Das notwendige Handeln, in dem sich die moralische Persönlichkeit zeigt, besteht nach Rawls darin, dass über den engen Familien- und Freundeskreis hinaus die **Anwendung des Gerechtigkeitsprinzips** auch auf die Institutionen, an denen man beteiligt ist gefordert und nach diesen Forderungen konkret gehandelt wird.

Wenn die Grundstruktur und die Institutionen einer Gesellschaft gerecht sind, erwerben ihre Mitglieder nach Rawls den **Gerechtigkeitssinn**, d. h. den Wunsch, gerecht zu handeln und die Gesellschaft zu erhalten. Die Entwicklung des Gerechtigkeitssinns findet statt über soziales und moralisches Lernen,

Gefühle der Freundschaft, des Vertrauens und der Schuld. Dabei ist der natürlich vorgegebene Gerechtigkeitssinn in zweifacher Weise zu entwickeln: Zum einen soll man sich für Übertretungen der Prinzipien schuldig fühlen, auch wenn man dem Betroffenen keine Sympathien entgegenbringt. Zum anderen zeigt sich der Gerechtigkeitssinn in der Bereitschaft, beim Aufbau gerechter oder bei der Verbesserung bestehender Institutionen zu helfen. Für Rawls ist der Gerechtigkeitssinn und eine bestimmte Konzeption des Guten also ein elementarer Bestandteil der Menschlichkeit. Im Ergebnis entstehen eine wohlgeordnete Gesellschaft und ein wohlgeordneter Staat, in denen sich die Bürger freiwillig an die von den Institutionen gesetzten Regeln halten, weil diese nur das fordern, wozu die Bürger schon bei der Gründung ihre Einwilligung gegeben haben.

Gleichheit und Freiheit: Bedingungen für Institutionen

Akzeptiert man eine solche Interpretation der grundlegenden Prinzipien für die Beurteilung gesamtgesellschaftlicher Institutionen und politischer Systeme, wird man erst dann davon sprechen können, dass diese gerecht sind, wenn die fundamentalen **Ordnungsprinzipien** von den an der jeweiligen Institution Beteiligten grundsätzlich akzeptiert werden. Nach Rawls ist eine Institution also dann gerecht oder fair, „wenn sie den Grundsätzen genügt, die die daran Beteiligten einander in einer ursprünglichen Situation gleicher Freiheit zu wechselseitiger Anerkennung vorschlagen können." (Gerechtigkeit, 127). Übertragen auf reale politische Systeme bedeutet das erste Gerechtigkeitsprinzip, nach dem jede Person das Recht auf die größte Freiheit besitzt, sofern sie mit der gleichen Freiheit für alle vereinbar ist, die Begründung der **Rechtsstaatlichkeit**. Hierunter fallen wesentliche politische Grundfreiheiten wie Wahlrecht, Rede- und Versammlungsfreiheit, Unverletzlichkeit der Person, Recht auf Eigentum und Gewaltenteilung. Das zweite Prinzip, nach dem davon ausgegangen wird, dass **Ungleichheit nur dann gerecht** ist, wenn sie (auch) den am schlechtesten Gestellten zum Vorteil gereicht (Differenzprinzip), beschreibt die **Sozialstaatsidee**. Gerechte Entscheidungen im Sinne der Sozialstaatlichkeit sind umso wahrscheinlicher, je gerechter die Verfahren im Rechtsstaat sind.

Bedeutung der politischen Theorie

Die Bedeutung von Rawls' Theorie liegt vor allem in ihrer Aussage, dass moralische Prinzipien als Grundlage einer modernen politischen Gesellschaft durchaus rational begründbar sind. Rawls Theorie kann z. B. als eine Art Test für die Beurteilung von Gesellschaften verwendet werden: Würden die bestgestellten Mitglieder einer Gesellschaft die herrschenden Regeln auch dann akzeptieren, wenn sie die Rolle der am schlechtesten gestellten Mitglieder einnehmen müssten? Eine Sklavenhaltergesellschaft z. B. würde den Test nicht bestehen, da die Sklavenbesitzer nicht in gutem Glauben sagen können, dass sie bei vertauschten Rollen immer noch für die bestehenden Regeln eintreten würden.

Soweit die zwei Gerechtigkeitsprinzipien, die Rechts- und die Sozialstaatlichkeit, argumentativ begründet werden, dürfte ein breiter Konsens hergestellt werden können. Die politischen Kontroversen treten aber vor allem bei der **inhaltlichen Fassung des Sozialstaatprinzips** auf. Trotz der Orientierung an „jedermanns Vorteil" ist die Frage, ob der Staat durch Subventionen und andere Eingriffe oder Reglementierungen direkt für die untersten Schichten sorgen, also eine eher sozialistische Politik betreiben, oder ob er gerade auch wegen der unteren Einkommensschichten im liberalen Sinne die „Kräfte der Marktwirtschaft" freisetzen soll, nicht entschieden. Konkret ergeben sich aus der von Rawls entwickelten Konzeption der **Gerechtigkeit** soziale und gesellschaftspolitische Maßnahmen, durch die die weniger Begünstigten in der Steuerung des Umverteilungsprozesses stärker berücksichtigt werden. Dieser kann im Sinne der **Lenkungsfunktion** des Staates stärker von diesem initiiert oder im Sinne der **Ordnungsfunktion** nur durch Stabilisierung bestimmter Rahmenbedingungen gewährleistet sein.

Das Demokratieverständnis in der Bundesrepublik Deutschland

Die Erklärungsansätze der Repräsentationstheorie von John Locke und der Gewaltenteilungslehre von Montesquieu ebenso wie die Überlegungen der Konkurrenz- und der Pluralismustheorie sind für die Legitimation des politischen Systems der Bundesrepublik Deutschland von großer Bedeutung (vgl. auch Übersicht der Demokratietheorien, S. 86/87). Dies wird deutlich, wenn man die Elemente der freiheitlich-demokratischen Grundordnung und die Strukturprinzipien der Bundesrepublik Deutschland untersucht.

Demokratie, **Rechtsstaat**, **Sozialstaat und Bundesstaat** (Föderalismus), festgeschrieben in Art. 20 GG (und in Art. 28 GG für die Länder) und nach Art. 79, Abs. 3 mit einer „Ewigkeitsgarantie" versehen, sind die fundamentalen **Strukturprinzipien in der politischen Ordnung der Bundesrepublik Deutschland**. Unabhängig von dem Tatbestand, dass die politischen Parteien und gesellschaftlichen Gruppen oft sehr unterschiedliche Vorstellungen von der demokratischen Entwicklung in der Bundesrepublik, der Ausgestaltung des Rechts- und Sozialstaates und vom Verhältnis Bund/Länder besitzen, besteht eine große Übereinstimmung bezüglich der Existenznotwendigkeit dieser Verfassungsprinzipien als Grundlage für das gesellschaftliche Leben und als Orientierung für politisches Handeln.

Berufsstatistik des 15. Bundestags (2002–2006) nach Fraktionszugehörigkeit

Berufsgruppen (Auswahl)	SPD	CDU/ CSU	B. 90/ Die Grünen	FDP	Fraktions- lose (PDS)	Gesamt
Beamte						
so genannte politische Beamte	2	4		2		8
andere Beamte des höheren Dienstes (Verwaltung)	14	21		1		36
gehobener und mittlerer Dienst	3	9		1		13
Richter, Staatsanwälte	5	2		2		9
Kommunale Wahlbeamte	15	17		1		33
Professoren	2	2		1		5
andere Wissenschaftler an Universitäten/ Hochschulen	17	9	3	1	1	31
Lehrer an Gymnasien	15	11	4	3		33
Lehrer an Grund-, Haupt- und Realschulen	21	8	3	2		34
Beamte zusammen	94	83	10	14	1	202 (33,5 %)
Angestellte des öffentlichen Dienstes	27	15	7	1		50 (8,3 %)
Pfarrer und Diakone	2	4				6 (1,0 %)
Angestellte pol./gesell. Organisationen						
Parteien, Fraktionen	17	10	9	1	1	38
Gewerkschaften, andere Arbeitnehmerorg.	14					14
Organisationen mit politischen, gesellschaftlichen, kulturellen oder karitativen Zielen	11	5	2	2		20
Angestellte dieser Organisationen zusammen	42	15	11	3	1	72 (11,9 %)
Angestellte in der Wirtschaft	36	40	5	8		89 (14,8 %)
Selbstständige						
Industrie, Handel, Handwerk, Gewerbe	4	22		6		32
Land- und Forstwirtschaft		7	1	1		9
Selbstständige zusammen	4	29	1	7		41 (6,8 %)
Angehörige freier Berufe						
Rechtsanwalt, Notar	18	28	4	6		56
Angehörige anderer freier Berufe (Arzt, Apotheker, Architekt, Ingenieur, Steuerberater, Schriftsteller, Journalist etc.)	12	8	2	5		27
Freiberufler zusammen	30	36	6	11		83 (13,8 %)
Hausfrauen	3	1				4 (0,7 %)
Arbeiter	1	2				5 (0,5 %)

Das **Demokratieprinzip** sichert den **gesellschaftlichen Pluralismus** und somit die Mitbestimmung des Volkes. Kennzeichnend für das Demokratiemodell des Grundgesetzes ist die Orientierung an der **Repräsentationstheorie** der Demokratie. Dabei wird von der Existenz unterschiedlicher individueller Interessen und Gruppeninteressen ausgegangen. Der Demokratievorstellung liegt gleichzeitig die Annahme zugrunde, dass eine **Konkurrenz** von Verbänden, Parteien und von einer überschaubaren Anzahl gesellschaftlicher Gruppierungen um den größten Einfluss in Staat und Gesellschaft stattfindet. Dies wird in der Tabelle (S. 68) deutlich, in der die Verteilung der Berufsgruppen innerhalb der im Bundestag vertretenen Parteien aufgeführt ist.

Die starke Orientierung der Demokratieauffassung des Grundgesetzes an der **Repräsentations**- und **Konkurrenztheorie** wird allerdings auf Länder- und kommunaler Ebene durch viele **Elemente der direkten Demokratie** ergänzt. In den Landesverfassungen ist oft das Recht auf Gesetzesinitiative und das Recht auf Volksentscheide enthalten. In vielen Bundesländern können Landräte und Bürgermeister von der Wahlbevölkerung direkt gewählt werden.

Das **Rechtsstaatsprinzip** umschließt die Freiheitssicherung, die Rechtsgleichheit, die Rechtssicherheit und die Gewaltenteilung. Die Menschenrechte (Grundrechte), zu deren Schutz die staatliche Exekutive und die Gerichte verpflichtet sind, bilden die Voraussetzung für die Freiheitssicherung. Mit der Regelung, dass die Grundrechte nach Art. 1 Abs. 3 GG die Gesetzgebung, die vollziehende Gewalt und die Rechtsprechung binden, wollte der Parlamentarische Rat den Handlungsspielraum des Staates begrenzen und somit die Freiheit der Bürger schützen. Die Garantie der **Rechtsgleichheit**, d. h. der Gleichheit vor dem Gesetz, bedeutet, dass soziale Stellung, religiöses Bekenntnis, soziale bzw. individuelle Merkmale zu keiner Bevorzugung oder Benachteiligung führen dürfen. Dies gilt insbesondere für die Strafverfolgung. Hier dürfen sich die Strafverfolgungsbehörden, unabhängig von der Person des Verdächtigen, nur nach dem Gesetz richten. Das Prinzip der Rechtsgleichheit ist darüber hinaus in allen gesellschaftlichen Bereichen, z. B. im Berufsleben, zu beachten. Die **Rechtssicherheit** ist das Prinzip, nach dem der Bürger die rechtlichen Folgen seines Handelns kalkulieren kann. Strafgesetze dürfen keine rückwirkende Geltung besitzen (ex post facto-Verbot), willkürliche Verhaftungen sind verboten, und Exekutive, Judikative und Legislative sind an Verfassung und Recht gebunden. Zum Prinzip der Rechtssicherheit gehört auch der so genannte Gesetzesvorbehalt, nach dem der Staat in die Privatsphäre des Einzelnen nur aufgrund eines Gesetzes eingreifen darf. Die **Gewaltenteilung** bleibt, unabhängig davon, dass die Funktionen der Exekutive, Legislative und Judikative in der parlamentarischen Demokratie zunehmend verschränkt sind, ein wichtiges

Organisationsprinzip der Demokratie, das den Machtmissbrauch durch Staatsorgane verhindern und somit die Freiheit der Bürger sichern soll.

Das **Sozialstaatsprinzip** verpflichtet den Staat zur sozialen Sicherheit, aber auch zum sozialen Ausgleich in der Gesellschaft. So wird die ökonomische und soziale Existenz vieler Menschen in der Bundesrepublik Deutschland durch Renten-, Kranken-, Unfall- und Arbeitslosenversicherung sowie Sozialhilfe, Ausbildungs- und Umschulungsförderung gesichert. Im Sinne des sozialen Ausgleichs wird aber darüber hinaus gesellschaftlichen Gruppen das Recht auf soziale Teilhabe, die Koalitionsfreiheit, die Tarifautonomie, die Mitbestimmung, die Vermögensverteilung usw. ermöglicht.

Das **Bundesstaatsprinzip** (Föderalismus) beschreibt den Tatbestand, dass verschiedene Bundesländer existieren, die aber im Gesamtstaat zusammenwirken. Die 16 **Bundesländer** in der Bundesrepublik Deutschland haben eine **eigenstaatliche Qualität** und in genau festgelegten Bereichen, besonders im Kulturbereich, eigenständige Entscheidungskompetenzen. Der Sinn des Föderalismus besteht darin, den Machtmissbrauch im Gesamtstaat zu verhindern und die wirtschaftliche und politische sowie kulturelle Besonderheit der Regionen zu fördern. Insofern stellt der Föderalismus eine **Verstärkung der Gewaltenteilung** dar und soll damit letztlich den Rechten der Bürger dienen.

Wenn auch die direkte Mitbestimmung des Volkes – die als Niederschlag der Identitätstheorie verstanden werden könnte – bewusst reduziert ist, so gibt es in Parteien, durch die öffentliche Meinung, in Verbänden und Bürgerinitiativen vielfältige Möglichkeiten der aktiven Wahrnehmung der Bürgerrolle.

Politische Ideologien

Insbesondere die Untersuchung der Vertragstheorien und der modernen Demokratietheorien hat gezeigt, dass zentrale Elemente der politischen Ideengeschichte die Legitimationsbasis für die heutigen demokratischen politischen Systeme bilden (siehe auch „Übersicht der Demokratietheorien“ S. 86/87).

Die im vorigen Kapitel dargestellten Wertorientierungen an den Menschenrechten und an den institutionellen Regelungen des Parlamentarismus, verbunden mit der Gewaltenteilung, gelten im Prinzip für alle demokratischen politischen Ordnungen, unabhängig von den konkreten Ausgestaltungen. Bis zum Zusammenbruch des Kommunismus in Osteuropa Ende der 80er- und Anfang der 90er-Jahre des vorigen Jahrhunderts, konkurrierten die – damals westlichen – demokratischen Staaten mit den kommunistischen Diktaturen, die nach dem Zweiten Weltkrieg in den osteuropäischen Staaten, aber auch in China, Nordvietnam und Kuba entstanden waren. Die Beschäftigung mit der politischen Theorie ist also unvollständig, schließt sie nicht die Legitimationsgrundlagen dieser Staaten ein, deren Führer den Anspruch erhoben, den Sozialismus und – nach einer gewissen Übergangszeit – den Kommunismus als politisches System zu etablieren. Deshalb geht es in diesem Kapitel zunächst um die **marxistisch-leninistische Ideologie**. Die Darstellung des Zusammenhangs zwischen Ideologie und dem totalitären politischen System muss aber außerdem die faschistische Ideologie, und hier die **Ideologie des Nationalsozialismus** und die Struktur des nationalsozialistischen totalitären Systems behandeln. Voraussetzung hierfür ist jedoch die **Klärung des Ideologiebegriffs** und dessen Abgrenzung vom Begriff der politischen Theorie.

Ideologiebegriff

Bei der Verwendung des Begriffes „Ideologie“ sind zwei Intensitätsstufen festzuhalten. Im Alltag wird der Begriff erstens im Sinne einer interessenorientierten Argumentation verwendet. In dieser engeren Verwendung wird „ideologisch“ oft im Sinne von „Verschleierung“ der „wahren“ Interessen verstanden. So werfen in **öffentlichen Debatten** die Gewerkschaften den Arbeitgebern vor, deren Forderungen nach Reduzierung des Kündigungsschutzes seien „ideologisch“, da es „eigentlich“ nicht darum ginge, durch die Flexibilisierung eine größere Anzahl von Mitarbeitern einzustellen, sondern nur darum, ihre eigene

Macht auszubauen und letztlich die Arbeitnehmerschaft und deren Vertreter, die Gewerkschaften, zu schwächen. Umgekehrt bezeichnen die Arbeitgeber die Forderungen der Gewerkschaften als „ideologisch", weil es den Funktionären nur darum ginge, ihre Stellung in den Gewerkschaften zu stärken, statt die „wirklichen" Arbeitnehmerinteressen zu vertreten, die in einer Flexibilisierung der Kündigungs- und Einstellungsbedingungen bestünden.

In einem zweiten erweiterten Sinne ist es üblich, den Begriff auf die **politischen Ideologien** anzuwenden, also z. B. auf den Marxismus-Leninismus und den Nationalsozialismus. Im Gegensatz zu den politischen Theorien erheben die Ideologien einen **allgemein gültigen Wahrheitsanspruch**. Dieser „allgemeine Wahrheitsanspruch" bezieht sich jedoch nicht nur auf die als einzig richtig angesehenen Annahmen über das Menschenbild, die Gesellschafts-, die Geschichts- und die Staatsaufassung. Es wird darüber hinaus behauptet, andere Interpretationen seien nicht nur falsch, sondern hätten keine Daseinsberechtigung und müssten, da sie für die eigene Weltsicht gefährlich seien, bekämpft werden. Deshalb zeichnen sich die Ideologien auch dadurch aus, dass sie Handlungsanweisungen für ihre Anhänger ausgeben, die darin bestehen, die für richtig angesehene politische Meinung und die politischen Ordnungsvorstellungen zu verteidigen und andere zu bekämpfen.

Marxismus-Leninismus: Die Diktatur des Proletariats

Die marxistisch-leninistische Politikauffassung hat seit 1989 in Europa ihre Bedeutung verloren. Sie war seit 1917, der Oktoberrevolution in Russland, mit dem Anspruch auf die führende Rolle der kommunistischen Parteien in Staat und Gesellschaft verbunden. Die für die **kommunistischen politischen Systeme** verbindliche **Legitimation** politischer Herrschaft beruhte in den osteuropäischen Staaten – und beruht in den unter Leitung kommunistischer Parteien stehenden Staaten – auf den Lehren von **Karl Marx** (1818–1883), **Friedrich Engels** (1820–1895), **Wladimir Iljitsch Lenin** (1870–1924) und den jeweiligen Interpretationen der kommunistischen Parteien. Seit Michail Gorbatschow (geb. 1931) als Generalsekretär der KPdSU an der Spitze der kommunistischen Partei und des sowjetischen Staates stand (2. 3. 1985), versuchte die KPdSU die Ideologie und Politik mit der Konzeption von Perestrojka (Umgestaltung) und Glasnost (Transparenz) den modernen Bedingungen anzupassen und damit wieder eine von der Bevölkerung akzeptierte Legitimationsbasis zu schaffen. Dies beinhaltete Liberalisierungstendenzen in allen Politikbereichen (Entwicklung zum Pluralismus) und Kooperation in der Außenpolitik.

Marx, Engels und Lenin sind die wichtigsten Vertreter der kommunistischen Ideologie.

Im Folgenden werden die zentralen Annahmen der Ideologie erklärt, die Übernahme der Thesen durch die SED-Diktatur der DDR beschrieben und anschließend die Bedeutung der Theorie für das tägliche Leben in der DDR untersucht.

Historische Hintergründe der Ideologie

Karl Marx wollte im Gegensatz zu anderen politischen Theoretikern wie Locke oder Rousseau nicht die Notwendigkeit eines Staates begründen oder eine Idee des guten Staates entwickeln. Seine Überlegungen entstanden vielmehr aus der Kritik an den Zuständen der kapitalistischen Gesellschaften im 19. Jahrhundert. Er entwickelte eine Gesellschafts- und Geschichtstheorie, nach der als Folge des unaufhebbaren Widerspruchs zwischen Unternehmern und Arbeitern (dem Proletariat) eine Revolution ausbricht, die nach einer Periode der Diktatur des Proletariats in die kommunistische Gesellschaft einmünden wird.

Diese Gesellschafts- und Geschichtsauffassung fand im „Kommunistischen Manifest" von 1848 ihren programmatischen Ausdruck. Das Manifest sollte die Arbeiter zu einer sozialistischen Revolution aufrufen, um sich das Eigentum der Unternehmer anzueignen. Es begann deshalb mit der Feststellung: „Ein Gespenst geht um in Europa – das Gespenst des Kommunismus" (Manifest der Kommunistischen Partei, S. 23 [16]) und endete mit dem Aufruf: „Proletarier aller Länder vereinigt euch!" (Manifest, 60). In der Auffassung über die Notwendigkeit einer politischen Revolution unterschieden sich die Forderungen der Kommunistischen Parteien von den **Sozialistischen Parteien**, z. B. der Sozialdemokratischen Partei Deutschlands. Der **Sozialismus** als politische Strömung verfolgte das Ziel, die Beteiligung der Arbeiter im Parlament zu erhöhen und über den parlamentarischen Weg die Mitbestimmung der Arbeitnehmer in den Betrieben und zusammen mit den Gewerkschaften die soziale Situation der Arbeitnehmer (Kranken-, Arbeitslosen-, Invalidenversicherung, Kündigungs-

16 Karl Marx/Friedrich Engels: Manifest der Kommunistischen Partei. Grundsätze des Kommunismus. Mit einem Nachwort von Iring Fetscher, Stuttgart 1977; im Folgenden zitiert als „Manifest"

schutz, Wohnverhältnisse etc.) zu verbessern. Voraussetzung hierfür war die Forderung nach allgemeinen und gleichen Wahlen. Diese Ziele verfolgte z. B. der 1863 von Ferdinand Lassalle gegründete „Allgemeine Deutsche Arbeiterverein“, der sich 1875 in Gotha mit der 1869 in Eisenach gegründeten radikalen Sozialdemokratischen Arbeiterpartei zusammengeschlossen hatte und ab 1890 in „Sozialdemokratische Partei Deutschlands“ umbenannt wurde. Die Sozialisten verstanden sich somit als Gegenspieler der **Konservativen** im Deutschen Reichstag, die vor allem die Interessen der Großgrundbesitzer (Adel) und des Militärs vertraten. Aber auch die Vertreter des **politischen Liberalismus**, die Nationalliberalen (Großbürgertum und Unternehmer), sowie der Fortschrittspartei (Mittelstand) wehrten sich gegen die politischen und zum Teil sozialen Forderungen der sozialistischen Partei, da sie um ihren politischen Einfluss und ihre gesellschaftliche Stellung bangten. Den von den Sozialisten beschrittenen parlamentarischen Weg lehnten Marx und Engels strikt ab.

Die marxistische Ideologie

Ein zentraler Bestandteil des Marxismus ist der **dialektische Materialismus**. In diesem philosophischen Ansatz bedeutet Materialismus, dass nur materielles Sein existiert und die Ideen nur Ausdruck materieller Verhältnisse sind. Im Sinne der marxistischen Philosophie sind demnach nicht nur stoffliche Körper mit mechanischen Eigenschaften, sondern die ganze materielle Welt in all ihren qualitativ unterschiedlichen Formen mit beliebigen biologischen, chemischen, physikalischen aber auch sozialen Eigenschaften ausgestattet. Die Materie entwickelt sich nach Marx dialektisch nach den Prinzipien „These, Antithese, Synthese“, d. h. durch das Wirken entgegengesetzter Tendenzen und Kräfte. Die materiellen Verhältnisse entwickeln sich durch die ihnen innewohnenden Widersprüche. Die Veränderung der Materie vollzieht sich nach drei Gesetzen:

- Das Gesetz vom Umschlagen von Quantität in Qualität: Die dauernde quantitative Zunahme, z. B. des Proletariats, führt durch einen dialektischen Sprung, z. B. durch eine Revolution, zu einer qualitativen Veränderung oder einer neuen Gesellschaft, wie das Umschlagen des Wassers in einen Aggregatzustand des Wasserdampfes bei entsprechender Energiezufuhr.
- Das Gesetz von den Widersprüchen: Die Widersprüche sind die treibende Kraft in der materiellen Entwicklung, z. B. durch den Widerspruch zwischen Kapital und Proletariat.
- Das Gesetz von der „Negation der Negation“: Entwicklungen werden negiert – die historische Epoche des mittelalterlichen Feudalismus durch den Kapitalismus und diese Negation wird wiederum negiert, also aufgehoben und verändert, durch den Kommunismus.

Mithilfe des dialektischen Materialismus kann man nach Marx auch einen Einblick in den gesetzmäßigen Ablauf der Geschichte bekommen (**Historischer Materialismus**, Histomat). Marx versteht die Geschichte der Menschheit als die **Geschichte von Klassenkämpfen**, als Widersprüche zwischen gesellschaftlichen Klassen, die sich in Revolutionen entladen und neue gesellschaftliche Formationen hervorbringen (Urgesellschaft, antike Sklavenhaltergesellschaft, Feudalismus, moderner Kapitalismus).

Der Ablauf der Geschichte nach dem Modell des Histomat

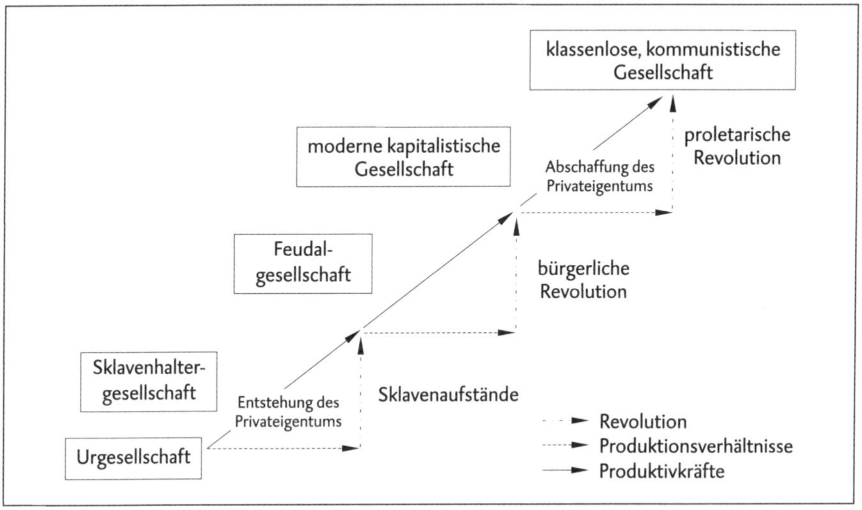

Für Marx ist der existierende Staat im 19. Jahrhundert nur ein Produkt der ungerechten bürgerlich-kapitalistischen Klassengesellschaft und ein Mittel der Bourgeoisie, mithilfe von Gesetzen das Proletariat zu unterdrücken. Die **Basis** einer jeden Gesellschaft sind die **Produktivkräfte** (Menschen und allgemeine technologische Entwicklung) und die **Produktionsverhältnisse** (soziale Verhältnisse der Menschen in der Produktion/Eigentumsverhältnisse). Über der Basis erhebt sich ein **Überbau** aus gesellschaftlichen Ideen, Institutionen, politischen Lehren, Kunst, Philosophie und Staat. Der Staat dient dabei der jeweils herrschenden Klasse zur gewaltsamen Niederhaltung der ausgebeuteten Klasse.

Die sich entwickelnden Produktivkräfte geraten nach Marx in jeder Epoche in Widerspruch zu den sich nur langsam entwickelnden Produktionsverhältnissen, und es kommt jeweils zu einer Revolution. Verändert sich die Basis (z. B. durch die Enteignung der Produktionsmittelbesitzer), so führt dies ebenfalls zu einer Veränderung des Überbaus. Marx sieht in der zu seiner Zeit bestehenden

Gesellschaftsordnung des bürgerlichen Kapitalismus eine **Entfremdung** des Menschen vom Produkt seiner Arbeit, da dieses Produkt zum Privatbesitz eines anderen wird. Die **Entfremdung** im Produktionsprozess entsteht durch die **Arbeitsteilung**, da die Gesellschaft in die Klasse der Produktionsmittelbesitzer und die Klasse der Proletarier aufgeteilt ist. Letztere ist nur im Besitz ihrer Arbeitskraft und verrichtet nur noch Teilhandlungen. Die Entfremdung vom Produkt seiner Arbeit und die Entfremdung im Produktionsprozess führen nach Marx zu einer **Selbstentfremdung des Menschen** von seinem wahren Wesen und von seinen Mitmenschen.

An seinem Arbeitsplatz schafft der Arbeiter mehr gesellschaftliche Werte, als er in Form seines Lohnes erhält. Diesen „**Mehrwert**" eignet sich der Kapitalist an („Ausbeutung"), wobei sich folgende Abläufe abspielen: **Konzentration** (das Kapital an den Einzelunternehmen vergrößert sich) und **Zentralisation** (Zusammenschluss mehrerer Unternehmen) haben zur Folge, dass sich innerhalb der Gesellschaft die Spaltung zwischen einigen wenigen Kapitalisten und der großen Masse der Nichtbesitzer an Produktionsmitteln stetig vergrößert. Die **zunehmende Verelendung** des Proletariats führt dazu, dass das Proletariat seine Klasseninteressen erkennt und die Produktionsmittel übernimmt.

Marx sieht im Aufkommen von Privateigentum den Grund für den Gegensatz zwischen Arbeiter- und Kapitalistenklasse, der nur durch eine Revolution aufgehoben werden kann – der „parlamentarische Weg" wird damit ausgeschlossen. Im **Kommunismus**, dem Endzustand der Geschichte, werden gemäß des Marxismus **Entfremdung**, **Arbeitsteilung** und **Ausbeutung aufgehoben**. Es existiert jetzt nur noch gesellschaftliches Eigentum an Produktionsmitteln (gemeinsame Produktion und Konsumtion wie in der Urgesellschaft), das Prinzip „Jedem nach seinen Bedürfnissen" wird verwirklicht, die Klassenherrschaft ist endgültig überwunden und der Staat, der überflüssig geworden ist, stirbt ab.

Die leninistische Ideologie

Die marxistische Theorie des permanenten Klassenkampfs, der bei voller Entwicklung der Produktionsmittel zur Weltrevolution und klassenlosen Gesellschaft führen soll, wird bereits von **Lenin** stark verändert. Seiner Meinung nach hat sich der Kapitalismus Anfang des 20. Jahrhunderts zum Imperialismus weiterentwickelt, weshalb er die Marx'sche Lehre in diesem Sinne uminterpretiert.

Mit der **Imperialismustheorie** liefert Lenin ein zentrales Element kommunistischer Weltsicht. Hierin begründet Lenin den Imperialismus der kapitalistischen Staaten mit der Aussage, dass diese Länder neue Absatzmärkte erschließen müssen, um die Absatzkrisen im Innern des eigenen Landes überwinden zu können. Er fordert außerdem eine zentralistisch aufgebaute **kommunistische**

Partei, unter deren Leitung das Proletariat zur Revolution geführt werden soll. In der Diktatur des Proletariats wird danach mithilfe des **demokratischen Zentralismus** die Herrschaftsausübung durch die kommunistische Partei gesichert. Diese Methode steht **im Gegensatz zu dem liberalen Prinzip innerparteilicher Demokratie** und rechtsstaatlicher Grundsätze. Der demokratische Zentralismus bestimmt zum einen, dass Partei- und Staatsorgane von unten nach oben gewählt werden. Zum anderen gilt die **Verbindlichkeit der Beschlüsse übergeordneter** für die untergeordneten **Partei- und Staatsorgane** und es herrscht eine Zentralisierung, bei der sämtliche Staatsorgane auf allen Ebenen von der Partei gelenkt werden.

Die Ideologie der SED

Da die DDR-Regierung nicht demokratisch gewählt wurde, bildete die **Aufhebung der Entfremdung** in der klassenlosen kommunistischen Gesellschaft das zentrale ideologische Element für die **Legitimation** der **SED-Herrschaft**. Die Diktatur des Proletariats, und damit die Vorherrschaft der Partei, wird als Ergebnis angeblich objektiver Gesetze der geschichtlichen Entwicklung erklärt. Diese **klassenlose Gesellschaft** wird „die allseitige Entwicklung der Fähigkeiten aller Gesellschaftsmitglieder" ermöglichen. Dies geschieht „durch die Beseitigung der bisherigen Teilung der Arbeit". Dadurch wird ein Zustand herbeigeführt, „worin die freie Entwicklung eines jeden die Bedingung für die freie Entwicklung aller ist". Die „knechtende Unterordnung der Individuen unter die Teilung der Arbeit" wird überwunden und „damit auch der Gegensatz geistiger und körperlicher Arbeit". Die Arbeit ist dann nicht nur Mittel zum Leben, sondern „das erste Lebensbedürfnis".

An ihren nationalen Parteitagen demonstrierte die SED ihren Bezug zu den ideologischen Vätern. Mithilfe von Propagandatafeln und -plakaten sollte das Volk zum Wettbewerb im Betrieb animiert werden.

In der zukünftigen **kommunistischen Gesellschaft** wird in der Schulbildung die „produktive Arbeit mit Unterricht und Gymnastik" verbunden und der technologische Unterricht in die Schulen als wichtigste Methode zur Heranbildung „vollseitig entwickelter Menschen" eingeführt. Durch Überwindung der Arbeitsteilung und mithilfe des neuen Schulsystems ist es nach der Parteiideologie möglich, „das Teilindividuum, den bloßen Träger einer gesellschaftlichen Detailfunktion" zu ersetzen „durch das total entwickelte Individuum, für das verschiedene gesellschaftliche Funktionen einander ablösende Betätigungsweisen sind." (Zirkel zum Studium von Grundlehren des wissenschaftlichen Sozialismus[17]). Die sozialistische Demokratie ist nach der Parteiideologie der SED die Staatsform der Diktatur des Proletariats. Als **wichtigste Elemente** der sozialistischen Demokratie gelten:

- die Herrschaft der Arbeiterklasse;
- die führende Rolle der marxistisch-leninistischen Partei;
- die umfassende gesellschaftliche Geltung des demokratischen Zentralismus;
- die wachsende Einheit von persönlichen Interessen, Kollektivinteressen und gesamtgesellschaftlichen Interessen, d. h. der von Partei und Staat definierten Politik.

Daraus folgt die **Bestimmung der führenden Rolle der Partei**, die nicht nur Träger des Wissens um die Bewegungsgesetze der Geschichte ist und folglich den revolutionären Kampf anzuleiten hat, sondern auch nach ihrer Machtübernahme Lehrer und Führer der Gesellschaft beim Aufbau des Sozialismus sein wird. Die Partei soll, gemäß Lenin, **Vorhut** sein, nur die bewusstesten Teile der Arbeiterklasse umfassen und sich aus Kadern zusammensetzen, die die revolutionäre Tätigkeit als Hauptberuf ansehen und alles andere dem Kampf der Partei unterordnen. Im **Sozialismus** ist der Gegensatz, der alle anderen Klassengesellschaften durchzieht, nämlich der Gegensatz zwischen Produzenten und Eigentümern an Produktionsmitteln und damit auch der Gegensatz zwischen denen, die politische Macht besitzen, und denen, die durch diese Macht unterdrückt werden, endgültig aufgehoben. Es existiert eine **Identität von persönlichen Interessen und Kollektivinteressen**.

> Die sozialistischen Macht- und Eigentumsverhältnisse sind Ausdruck und Garantie, dass die **Arbeiterklasse** und alle anderen Werktätigen ihre **Interessen** durch die Politik selbst realisieren, dass die gesellschaftlichen Interessen prinzipiell mit den kollektiven und individuellen Interessen übereinstimmen. (Sozialismus S. 36)

17 alle Zitate aus: Studienhinweise für Teilnehmer der Zirkel zum Studium von Grundlehren des wissenschaftlichen Sozialismus. Hg. Abteilung Propaganda des Zentralkomitees der SED, Berlin/Ost 1984, S. 36 f.; im Folgenden zitiert als „Sozialismus"

Bedeutung der Ideologie

Die Kluft zwischen einer alles erklärenden Ideologie, mit der die Deutschen in der DDR Tag für Tag leben mussten, und ihrer eigenen Lebenserfahrung war groß. Alles gesellschaftliche Handeln war in den ideologischen Zusammenhang eingefügt und in den entsprechenden Formeln interpretiert. Die **aufdringliche Allgegenwart des Ideologischen** führte aber häufig zum Misstrauen und zur Gleichgültigkeit gegenüber dem jeweiligen ideologischen Gehalt.

Die Staatsform der **Diktatur des Proletariats** wurde als Unterordnung und Disziplin sowohl in der Partei (Verbot von Fraktionen, strengste Willenseinheit) als auch in der Produktion verstanden. Der Wille der revolutionären Vorhut durfte durch nichts, auch nicht durch Recht und Gesetz, begrenzt oder in seiner Durchsetzungsfähigkeit eingeschränkt werden. Es war die Überzeugung der Partei in der DDR, dass sie die **Bewegungsgesetze der Geschichte** erkannt hatte. Die von Lenin geforderten Berufsrevolutionäre hatten die Aufgabe, die für richtig erkannten Ziele der Politik, den Aufbau der sozialistischen Gesellschaft in Partei und Staat, unbedingt durchzuführen. Der demokratische Zentralismus war in der DDR das entscheidende Organisationsprinzip, durch das die geforderte Willenseinheit verwirklicht werden sollte. Er galt daher nicht nur für den Parteiaufbau, sondern auch für alle anderen gesellschaftlichen Organisationen der DDR und für die staatlichen Organe auf allen Ebenen.

Auffallend war die starke **Betonung von Grundpflichten** als der notwendigen **Ergänzung von Grundrechten**. Rechte und Pflichten bildeten nach Auffassung der Rechtstheoretiker der DDR eine untrennbare Einheit. Im Gegensatz zur Betonung der individuellen Freiheitsrechte im westlichen System standen bei den sozialistischen Grundrechten die Betätigungsrechte im Vordergrund und zwar das Recht und die Pflicht

- zur gesellschaftspolitischen Betätigung;
- zur Arbeit: Nur durch die Einbeziehung in den sozialen Arbeitsprozess gelangt der Mensch zur vollen Entfaltung seiner produktiven Fähigkeiten;
- zur Bildung: Durch Bildung nimmt der Einzelne am allgemeinen kulturellen Prozess teil und entwickelt seine geistigen Anlagen, die ihn befähigen, innerhalb des gesellschaftlichen Produktionsprozesses sein Bestes zu geben.

Es gab keine Grundrechte, die die sozialistische Gesellschaftsordnung und den sozialistischen Staat – und somit die Macht der kommunistischen Partei – hätten gefährden können. In der DDR beruhte die „Realität der Grundrechte auf Mitbestimmung und Mitgestaltung auf der Übereinstimmung der Interessen der Werktätigen mit den Interessen der Gesellschaft und des Staates.“ [18]

18 Klaus Sorgenicht: Verfassung der Deutschen Demokratischen Republik. Berlin/Ost 1969, Bd. 2, S. 47 f.

Nationalsozialismus: Herrschaft der arischen Rasse?

Die nationalsozialistische Ideologie

Die nationalsozialistische Ideologie ist wesentlich von **Adolf Hitler** (1889–1945) bestimmt worden. Deshalb sollen zunächst Grundzüge der Ideologie, so wie er sie in dem Buch „Mein Kampf" niedergelegt hat, skizziert werden. Sodann ist es wichtig, deren Niederschlag in der Programmatik und Propaganda der Nationalsozialisten aufzuzeigen, um dadurch die Umsetzung der Ideologie in der Politik und der Struktur des totalitären NS-Staates zu verstehen.

Im Mittelpunkt der nationalsozialistischen Ideologie steht die **Rassenlehre**. Dabei handelt es sich nicht um eine in sich geschlossene Ideologie, wie dies z. B. beim Marxismus-Leninismus der Fall ist, sondern um ideologische Bruchstücke, wie sie in Hitlers Buch und in Reden vorzufinden sind. Im Sinne eines primitiven Sozialdarwinismus bedeutet für Hitler der natürliche „Kampf ums Dasein" das Lebensgesetz für jeden Einzelnen, aber auch der Völker. Ein unmittelbarer Zusammenhang wird zwischen der Entwicklung des Menschen und der Rasse gesehen, indem als Bedingung für eine Höherentwicklung des Menschen im „**Kampf ums Dasein**" die „**Rassenreinheit**" gefordert wird. Weil die **Geschichte der Menschheit** aus der Entwicklung der Rassen und ihren Kämpfen besteht, wird, so Hitler, diejenige Rasse überleben, die ihre „Reinheit" erhalten hat. Die Vermischung der Rassen ist ein wesentlicher Grund für deren Untergang. In dem erbarmungslosen Kampf aller gegen alle und in dem Sieg der Starken über die Schwachen glaubt Hitler, eine Art Weltgrundgesetz gefunden zu haben.

Der Kampf um das „Herrenrecht des Daseins" ist die Voraussetzung für die Höherentwicklung der Rassen, die **keine Humanität** kennt. Diese ist vielmehr Ausdruck „einer Mischung von Dummheit, Feigheit und eingebildetem Besserwissen". Die Menschheit wird von Hitler in **höhere** und **niedere Rassen** eingeteilt, die sich nicht nur in der Fähigkeit beim notwendigen Kampf um den „**Lebensraum**" unterscheiden, sondern auch durch ihre „**Kulturfähigkeit**". Die „nordisch-arische Rasse" ist die allein „kulturfähige". In ihr stehen die Germanen an vorderster Stelle und hier wiederum die Deutschen.

Die **Besonderheit der Deutschen**, aus der sich eine hervorgehobene Mission ergibt, wird von Hitler damit begründet, dass sie der „arischen Rasse" am

„nächsten kommen" und dadurch einen „höheren Rassenwert" besitzen. Sie sind berufen, das **„Herrenvolk"** zu sein, sie haben Anspruch auf Weltherrschaft und auf Unterwerfung anderer, „minderwertiger" Rassen und Völker.

Die **Innenpolitik** muss sich, so Hitler, nach der Rassenlehre, also nach den „völkischen Gedanken" ausrichten. Danach erkennt die völkische Weltanschauung die Bedeutung der Menschheit in ihren rassischen Urelementen. Denn sie sieht im **Staat** prinzipiell nur ein Mittel zum Zweck und fasst als seinen Zweck die Erhaltung des rassischen Daseins des Menschen auf.

Hitler lässt auch 1931, zwei Jahre vor der so genannten Machtergreifung am 30. 1. 1933, keinen Zweifel daran, dass die NS-Herrschaft in eine **Diktatur** münden wird. Auf die Feststellung eines Journalisten, seine Gedankengänge führten „zwangsläufig zur Diktatur" antwortet er: „Diktatur? Nennen Sie das, wie Sie wollen. Ich weiß nicht, ob man das in dieses Wort kleiden soll, aber ich bin kein Freund der amorphen Masse, ich bin ein Todfeind der Demokratie, die uns in das Unglück führte." [19]

Im Gegensatz zu der „amorphen Masse" in der Demokratie soll die Gesellschaft nach dem **Führerprinzip** organisiert sein. Dieses Prinzip gilt für alle Bereiche des gesellschaftlichen Lebens. In der Partei bedeutet es, dass eine Willensbildung von unten nach oben unmöglich war.

Der **Antisemitismus** ist unmittelbar mit der Rassenlehre des Nationalsozialismus verbunden. Hitler spricht in diesem Zusammenhang vom ewigen Juden und seinen finsteren Plänen, durch die Vernichtung des Ariers die Weltherrschaft zu erobern (Mein Kampf, S. 148 [20]). Danach ist „der Jude" der Kulturzerstörer. Die Juden müssen, da sie Staat, Wirtschaft, Kultur etc. beherrschen, verfolgt und bekämpft werden.

Bedeutung der Ideologie

Die Ideologie des Nationalsozialismus fand in der **Errichtung des totalitären Systems** in Deutschland zwischen 1933 bis 1945 ihre Verwirklichung. Der Terrorherrschaft fielen alle politischen Gegner zum Opfer, die nicht ins Ausland flüchten konnten. Sie fand ihren tragischen Höhepunkt im Zweiten Weltkrieg, der letztlich in der imperialistischen Lebensraumpolitik und in der Versklavung der „slawischen Rasse" ideologisch begründet wurde sowie in dem Völkermord an Millionen von Juden in den Gaskammern der NS-Vernichtungslager. Das Führerprinzip formte die Gesellschaft zu einer **Volksgemeinschaft**, die von

19 Gespräche Hitlers mit Breiting (Chefredakteur der konservativen „Leipziger Neuesten Nachrichten") im Mai/Juni 1931, in: Reinhard Kühnl: Der deutsche Faschismus in Quellen und Dokumenten, 7. Auflage, Köln 2000, S. 121

20 Zentner, Christian (Hg.): Adolf Hitlers Mein Kampf. Eine kommentierte Auswahl. München 1974

den „blutsmäßig Besten“ geführt wurde, also den Funktionären der Partei, die sich durch Mut und Härte als die wahre Elite herauskristallisiert hatten.

Auch wenn es schwer fällt, angesichts des unsäglichen Leids, das vor dem Hintergrund der nationalsozialistischen Ideologie in der ersten Hälfte des 20. Jahrhunderts über die Welt gekommen ist, „nur“ die „innere Logik“ einer politischen Ideologie **zusammenfassend** zu kritisieren, müssen trotzdem die folgenden Aspekte festgehalten werden:

- Der erkenntnistheoretische Ansatz besteht, wie bei jeder Ideologie, darin, die Wahrheit über den Geschichtsverlauf und über die „richtige“ Politik erkannt zu haben: Die Parteielite, bzw. der „Führer“ bestimmt, wie die Geschichte zu interpretieren ist und welche Konsequenzen zu ziehen sind.
- Das Menschenbild ist eingebunden in die Rassentheorie und führt dazu, dass die Würde des Menschen im Sinne eines unverwechselbaren Individuums „kämpferisch“ abgelehnt wird.
- Dies hat die Ablehnung der Pluralität, des Parlamentarismus und der Herrschaftskontrolle zur Folge.
- Die Monopolisierung der Herrschaft und die Abschaffung jeglicher Kontrolle sind die Bedingungen für den totalitären Staat, der den Menschen im Sinne der Ideologie umerziehen und für seine Zwecke einbinden will.

Anhang

Glossar

Freiheit

Tatbestand, seine individuellen Fähigkeiten ohne große gesellschaftliche und staatliche Einschränkungen entfalten zu können, seine Interessen im Rahmen bestehender Gesetze, die mehrheitlich zustande gekommen sind, zur Geltung bringen zu können.

Friede

Im engeren Sinne bedeutet Friede „Abwesenheit vom Krieg". In einem umfassenderen Sinn kann dann von Frieden gesprochen werden, wenn zwischenstaatliche Beziehungen nach den Prinzipien der Gerechtigkeit (Freiheit und Gleichheit) organisiert sind.

Gerechtigkeit

Gleichheit und Freiheit stehen in einem Spannungsverhältnis – je stärker die Lebensbedingungen der Menschen in einer Gesellschaft angeglichen werden, umso geringer werden ihre individuellen Möglichkeiten der Selbstentfaltung. Je größer die Freiheitsbereiche der Individuen, desto eher besteht die Gefahr, dass es zu Ungleichheiten zwischen den Bürgern kommt. Deshalb kann nur von Gerechtigkeit gesprochen werden, wenn die weitaus größte Mehrheit der Bürger die Meinung vertritt, dass das Verhältnis zwischen Freiheit und Gleichheit in etwa ausgeglichen ist. Der Begriff „Gerechtigkeit" wird allerdings nur in solchen Fällen sinnvoll angewendet, in denen selbst für die schwächsten Glieder der Gesellschaft humane Bedingungen zur Selbstentfaltung bestehen. Im internationalen System existiert dann Gerechtigkeit, wenn die verschiedenen Staaten ihre legitimen Interessen zur Zufriedenheit verwirklichen können. Dies setzt voraus, dass keine Gewaltbeziehungen zwischen Ländern feststellbar sind und Freiheit und Gleichheit in der Ausgestaltung der internationalen Beziehungen Berücksichtigung finden.

Gleichheit

Tatbestand, dass alle Bürger vor dem Gesetz gleich sind und gleiche Startchancen zur Verwirklichung ihrer Freiheit besitzen. In der internationalen Politik kann unter Gleichheit der Tatbestand (oder die Forderung) verstanden werden, dass die Staaten ihre Interessen (ökonomische, kulturelle, Sicherheitsinteressen etc.) realisieren können, ohne durch die Macht anderer Staaten wesentlich eingeschränkt zu sein.

Interesse

Tatbestand, dass Individuen und Gruppen versuchen, ihre Bedürfnisse durch gesellschaftliches Handeln zu befriedigen bzw. Tatbestand, dass die Staaten die Bedürfnisse der Gesellschaften und der in ihnen lebenden Menschen (ökonomische und Sicherheitsbedürfnisse etc.) befriedigen wollen. Die Interessen können nicht isoliert betrachtet, sondern die offen liegenden oder vermuteten Interessen der anderen (Gruppen, Staaten etc.) müssen berücksichtigt werden.

Kompromiss
Konfliktlösung, die die vorhandenen Interessen der beteiligten Gruppen oder Staaten nach deren Meinung etwa gleichwertig berücksichtigt.

Konflikt
Zusammenstoß gegensätzlicher Interessen verschiedener sozialer Gruppen, verschiedener Staaten oder Staatengruppen.

Macht
Fähigkeit, Interessen (eines Individuums, einer Gruppe, eines Staates oder einer Staatengruppe) gegenüber den Interessen anderer durchzusetzen, gleichgültig worauf diese Durchsetzungsfähigkeit beruht (Überzeugungskraft, Gewalt, Diplomatie, Militär, ökonomische Leistungsfähigkeit etc.).

Machtpotenzial
Tatbestände, die als Voraussetzung für die Durchsetzung der Interessen von Individuen, Gruppen, Staaten und Staatengruppen angesehen werden (physische und geistige Überlegenheit von Individuen, Mitgliederstärke von Gruppen, Verfügungsmacht über Kapital, Rohstoffquellen, Lage der Staaten, Militär, moralische Autorität etc.).

Politik
Es ist analytisch sinnvoll, einen engeren und einen weiteren Begriff der Politik zu unterscheiden. Im engeren Sinne beinhaltet Politik im Sinne des politischen Handelns jeder direkten Versuch, politische Entscheidungen zu beeinflussen oder selbst durchzuführen, oder die Durchführung und die Kontrolle ihrer Durchführung zu beeinflussen.
Im weiteren Sinne gehören alle Kommunikationsprozesse zur Politik und zum politischen Handeln, wenn in ihnen die politische Realität diskutiert wird, z. B. wenn Bürger aktuelle politische Probleme und politische Willensbildungsprozesse oder die Bedeutung politischer Institutionen diskutieren. In diesen Diskussionen werden politische Meinungen, Einstellungen und Werte der Bürger gebildet. Sie sind damit Bedingungen für politisches Handeln sowohl der Bürger als auch der politischen Entscheidungsträger.
In Anlehnung an die angelsächsische Verwendung des Politikbegriffes kann zwischen der Form, der *polity* (Verfassung, Normen, Gesetzen, Institutionen), den Inhalten der Politik, der *policy* (Aufgaben, Ziele der Wirtschafts-, Sozial-, Kultur-, Außenpolitik usw.), und dem politischen Prozess, der *politics* (Auseinandersetzungen im Willensbildungs- und Entscheidungsprozess, in dem es um Durchsetzung der verschiedenen Interessen geht), unterschieden werden.

Politische Herrschaft
Politische und soziale Macht ist durch staatliche Institutionen in demokratischen politischen Systemen eingebunden – so kann die politische Herrschaft kontrolliert werden.

Politische Ordnung
Es ist sinnvoll, den Begriff der politischen Ordnung zu benutzen, wenn alle Aspekte der politischen Realität gemeint sind. Politische Ordnungen können demnach umfassend beschrieben werden, wenn folgende Fragen beantwortet sind:

- Wer entscheidet?
- Wie kommt die Entscheidung zustande?
- Wie wirkt sich die Entscheidung aus? (In wessen Namen wird entschieden, wie wird die Herrschaftsausübung begründet und legitimiert, wie ist der Zusammenhang zwischen den Legitimationsideen und der Struktur des politischen Systems zu sehen, wie muss der Zusammenhang zwischen Legitimationsideen und den Möglichkeiten von Individuen und Gruppen, ihre Ideen in den Willensbildungsprozess einzubringen, gesehen werden?)

Politische Spannung/ Entspannung
Meint der Begriff „politische Spannung" den Zustand einer Konfliktbeziehung, bei dem die Konfliktpartner nicht zu einem Kompromiss bereit sind, sondern die Bereitschaft signalisieren, zur Lösung des Konfliktes Machtmittel (bis hin zum Einsatz von Militär) einzusetzen, so bedeutet „Entspannung" den Abbau des durch einen vorhandenen Konflikt entstandenen Spannungszustandes. Entspannung (in den internationalen Beziehungen) bezieht sich nicht unbedingt auf den Konfliktgegenstand, sondern oft nur auf die Art und Weise, wie die Konfliktpartner trotz des vorhandenen Konfliktes miteinander umgehen.

Politisches System
Politische Institutionen, die an der politischen Entscheidung, deren Ausführung und der Kontrolle ihrer Respektierung beteiligt sind, Menschen, die in diesen Institutionen handeln und die getroffenen Entscheidungen, die anderen Teilbereichen der Gesellschaft deren Struktur geben. Dabei sind politische Entscheidungen solche Entscheidungen, die grundsätzlich für alle Menschen, die in dem entsprechenden Staatsgebiet oder der Region leben, verbindlich sind (Gesetze, Verordnungen).

Politische Ideologie
Sie enthalten zwar mit unterschiedlicher Gewichtung auch die Aspekte der politischen Theorie, zeichnen sich jedoch durch ihren Ausschließlichkeitsanspruch und auch durch den Willen ihrer Vertreter aus, die für richtig gehaltenen Vorstellungen politisch durchzusetzen, ja sogar Vertreter anderer politischer Interpretationen zu vernichten.

Politische Theorie
Hierbei handelt es sich um vielfältige Formen politischer Ordnungsvorstellungen, die die politische Realität unter den oben genannten Aspekten beschreiben (empirische Aspekte der Theorie), die aber auch Aussagen darüber machen, wie Gesellschaftssysteme und die politische Ordnung aufgebaut sein sollten (normative Aspekte der Theorie).

Übersicht der Demokratietheorien

	Identitätstheorie (Rousseau)	Repräsentationstheorie (Locke) Gewaltenteilungslehre (Montesquieu)	Konkurrenztheorie (Schumpeter) Pluralismustheorie (Fraenkel)	Marxismus-Leninismus (Marx, Lenin)
Menschenbild	Anspruch: wahres Interesse wird erkannt (allgemeiner Wille) • Betonung des Gleichheitsaspekts • Mensch frei geboren, gut • wahre Freiheit: Gehorsam gegenüber allgemeinem Willen	• vorstaatliche Menschenrechte • individuelle Freiheit und Freiheit, über Besitz und Persönlichkeit zu verfügen	• Individualität • unterschiedliche Interessen • kein einheitlicher Wille • Menschen organisieren sich in Gruppen	Anspruch: wahres Interesse wird erkannt (Parteielite) • wahres Interesse: Aufhebung der Entfremdung • Kollektiv: Gemeinsame Produktion, Konsumtion, Eigentum
Gesellschaftsauffassung	• homogener Volkswille • keine Konflikte, soziale und ökonomische Gleichheit kann verwirklicht werden	• Zusammenschluss der Menschen zur Sicherung des Eigentums und der individuellen Rechte, Rechtsfrieden • freies Handeln im Rahmen der Gesetze • Gleichheit vor dem Gesetz, gleiche Rechte aller Individuen	• Interessenpluralismus • Minimalkonsens über „Spielregeln" des Zusammenlebens in der Gesellschaft • Partizipation durch Wahlen • Konkurrenz der Interessen, Parteien ohne Einfluss auf politische Entscheidung • Konflikte legitim • Individuum: Mitglied verschiedener Gruppen, Sicherung des „Zusammenhalts" der Gesellschaft	Annahme: Klassenantagonismus (Produktionsmittelbesitzer, Nichtbesitzer) • Ziel: klassenlose Gesellschaft, keine Repression, keine Entfremdung, kein Privatbesitz: Dadurch laut Marx gute zwischenmenschliche Beziehungen • Identität zwischen privaten, gesellschaftlichen und kollektiven Interessen im Sozialismus
Staatsauffassung	• Identität zwischen Herrschenden und Beherrschten (Regierenden und Regierten) • Verwirklichung des Volkswillens (allgemeiner Wille)	• Volk: eSouverän, überträgt Gewalt auf gewählte Vertreter politische Gewalt: Dem Gesetz- • geber übertragene Gewalt zum Schutz des Eigentums und der Individualrechte • Legislative, Exekutive, Judikative • Mehrheitsprinzip	politische Gewalt an Gesetze gebunden, trifft verbindliche Entscheidungen, sorgt für Interessenausgleich	Staat: Herrschaftsinstrument des Proletariats, stirbt im Kommunismus ab

<table>
<tr><th></th><th>Identitätstheorie</th><th>Repräsentationstheorie und Gewaltenteilungslehre</th><th>Konkurrenz- und Pluralismustheorie</th><th>Marxismus-Leninismus</th></tr>
<tr><td>Kritik</td>
<td>• Positiv: Betonung der Volkssouveränität
• Gefahr: Legitimation für Diktatur
• Leugnen der Interessenvielfalt und gesellschaftlicher Konflikte
• keine totale Gleichheit ohne Zwang
• keine Rechtssicherheit
• kein Minderheitenschutz
• keine Verantwortlichkeit bei getroffenen Entscheidungen
• keine vorstaatlichen Rechte</td>
<td>• keine direkte Beeinflussung der Politik während der Legislaturperiode
• steht dem Staat das Individuum gegenüber?
• geringe Bedeutung der Partizipation, Interessenvertretung
• Gewaltenteilung zwischen Regierung und Regierungsfraktion, Opposition, Judikative ?</td>
<td>• Schutz der Besitzenden, keine gesellschaftliche Veränderung im Sinne sozialer Gerechtigkeit?
• Vernachlässigung der Willensbildung?
• „Stabilität“: Wichtigster Aspekt?
• werden Interessen der Gruppenmitglieder von den Eliten tatsächlich vertreten?</td>
<td>• Unterdrückung individueller Freiheit
• Diktatur einer Führungselite
• keine Rechtssicherheit
• Pflicht zur Mitwirkung in der Gesellschaft
• Herrschaft des Staatsapparats und der Funktionäre</td></tr>
<tr><td rowspan="2">Demokratiemodelle</td>
<td rowspan="2">Rätemodell:
• Aufhebung gesellschaftlicher Differenzierung im Kollektiv
• imperatives Mandat
• Volksbegehren
• Referendum</td>
<td>Schweiz
• Parteien
• Verbände
• Ständerat
• unabhängige Regierung
• Nationalrat</td>
<td></td>
<td rowspan="2">Volksdemokratie
• Demokratischer Zentralismus
• Führungsanspruch der Parteielite: Wissen über Bewegungsgesetze der Geschichte
• Diktatur des Proletariats
• Staat: Machtinstrument des Proletariats (der Partei)</td></tr>
<tr><td colspan="2">Bundesrepublik Deutschland
Freiheitlich-demokratische Grundordnung
• Achtung vor den im GG konkretisierten Menschenrechten
• Volkssouveränität
• Gewaltenteilung
• Verantwortlichkeit der Regierung
• Gesetzmäßigkeit der Verwaltung
• Unabhängigkeit der Gerichte
• Mehrparteienprinzip
• Chancengleichheit für alle politischen Parteien
• Recht auf Opposition
Mitwirkung in Verbänden, Parteien, Demonstrationen, Bürgerinitiativen; Beeinflussung der öffentlichen Meinung durch Medien</td></tr>
</table>

Literatur

Politische Theorien/Ideengeschichte

Alemann, Ulrich von (Hg.): Neokorporatismus. Frankfurt/M 1981

Aristoteles: Der Staat der Athener. Übers./Hg. Martin Dreher, Stuttgart 1997

Aristoteles: Politik. Übers./Hg. Olof Gigon, München 1973

Augustinus, Aurelius: Vom Gottesstaat. (De civitate dei). Übers. Wilhelm Thimme, 2 Bde, München 1997

Cicero, Marcus Tullius: Über die Gesetze (De legibus). Übers./Hg. Elmar Bader und Leopold Wittmann, München 1969

Cicero, Marcus Tullius: Über den Staat (De re publica). Übers./Hg. Walther Sontheimer, Stuttgart 1998

Cicero, Marcus Tullius: Vom pflichtgemäßen Handeln (De officiis). Übers./Hg. Karl Atzert, München o. J.

Ermacora, Felix (Hg).: Der Föderalist. Wien 1958

Fraenkel, Ernst: Deutschland und die westlichen Demokratien. Frankfurt/M 1991

Hobbes, Thomas: Leviathan. Übers./Hg. Jacob Mayer, Stuttgart 1970

Locke, John: Über die Regierung (The Second Treatise of Government). Übers. Dorothee Tidow; Hg. Peter Cornelius Mayer-Tasch, Stuttgart 1974

Machiavelli, Niccolò: Der Fürst (Il Principe). Übers./Hg. Philipp Rippel, Stuttgart 1997

Marx, Karl/Engels, Friedrich: Manifest der Kommunistischen Partei. Grundsätze des Kommunismus. Stuttgart 1977

Montesquieu, Charles de: Vom Geist der Gesetze (De l'esprit des lois). Übers./Hg. Ernst Forsthoff, München 1967

Rawls, John: Gerechtigkeit als Fairness. Übers. Joachim Schulte, Hg. Otfried Höffe, München 1977

Rousseau, Jean-Jacques: Der Gesellschaftsvertrag oder die Grundsätze des Staatsrechtes (Du contrat social ou principes du droit politique). Übers. H. Denhardt, Hg. Heinrich Weinstock, Stuttgart 1974

Schumpeter, Joseph A.: Kapitalismus, Sozialismus und Demokratie. Übers. Susanne Preiswerk, München 1950

Ideologien

Abteilung Propaganda des Zentralkomitees der SED (Hg.): Studienhinweise für Teilnehmer der Zirkel zum Studium von Grundlehren des wissenschaftlichen Sozialismus, Berlin/Ost 1984

Sorgenicht, Klaus u. a. (Hg.): Verfassung der Deutschen Demokratischen Republik – Dokumente und Kommentar. 2 Bde, Berlin/Ost 1969

Zentner, Christian (Hg.): Adolf Hitlers Mein Kampf. Eine kommentierte Auswahl. München 1974

Interpretationen/Gesamtdarstellungen

Arendt, Hannah: Elemente und Ursprünge totaler Herrschaft. Frankfurt/M 1955

Armbruster, Frank: Politik in Deutschland. Wiesbaden 1981

Beck, Ulrich: Was ist Globalisierung? Frankfurt 1997

Beyme, Klaus von: Theorie der Politik im 20. Jahrhundert. Von der Moderne zur Postmoderne. Frankfurt 1992

Brodocz, André, Schaal, Gary S. (Hg.): Politische Theorien der Gegenwart. Eine Einführung, Band I Opladen 2002; Band II, Opladen 2001

Deichmann, Carl/Klinghammer, Wolfgang: Lexikon Politik/Sozialkunde, München 2002

Hörster, Norbert (Hg.): Klassische Texte zur Staatsphilosophie, München 1983

Maier, Hans/Denzer, Horst (Hg.): Klassiker des politischen Denkens. München 2001

Neumann, Franz (Hg.): Handbuch Politische Theorien und Ideologien. Opladen 1998

Stammen, Theo/Riescher, Gisela/Hofmann, Wilhelm (Hg.): Hauptwerke der politischen Theorie. Stuttgart 1997

Sternberger, Dolf: Drei Wurzeln der Politik. 2 Bde., Frankfurt 1978

Weber-Schäfer, Peter: Einführung in die antike politische Theorie. Von Plato bis Augustinus. Darmstadt 1992.

Zippelius, Reinhold: Geschichte der Staatsideen. München 10/2003

Stichwortverzeichnis

(Bitte blättern Sie um)

Wirtschaft/Recht

Betriebswirtschaft	Best.-Nr. 94851
Abitur-Wissen Volkswirtschaft	Best.-Nr. 94881
Abitur-Wissen Rechtslehre	Best.-Nr. 94882
Kompakt-Wissen Abitur Volkswirtschaft	Best.-Nr. 948501

Erdkunde

Training Methoden Erdkunde	Best.-Nr. 94901
Erdkunde Relief- und Hydrosphäre · Wirtschaftsprozesse und -strukturen · Verstädterung	Best.-Nr. 84901
Abitur-Wissen GUS-Staaten/Russland	Best.-Nr. 94908
Abitur-Wissen Entwicklungsländer	Best.-Nr. 94902
Abitur-Wissen USA	Best.-Nr. 94903
Abitur-Wissen Europa	Best.-Nr. 94905
Abitur-Wissen Asiatisch-pazifischer Raum	Best.-Nr. 94906
Kompakt-Wissen Abitur Erdkunde	Best.-Nr. 949010
Lexikon Erdkunde	Best.-Nr. 94904

Deutsch

Training Methoden Deutsch	Best.-Nr. 944062
Analyse von Sachtexten und Erörterung	Best.-Nr. 944094
Abitur-Wissen Erörtern und Sachtexte analysieren	Best.-Nr. 944064
Abitur-Wissen Textinterpretation Lyrik, Drama, Epik	Best.-Nr. 944061
Abitur-Wissen Deutsche Literaturgeschichte	Best.-Nr. 94405
Abitur-Wissen Prüfungswissen Oberstufe	Best.-Nr. 94400
Kompakt-Wissen Rechtschreibung	Best.-Nr. 944065
Lexikon Autoren und Werke	Best.-Nr. 944081

Französisch

Landeskunde Frankreich	Best.-Nr. 94501
Themenwortschatz	Best.-Nr. 94503
Literatur	Best.-Nr. 94502
Abitur-Wissen Literaturgeschichte	Best.-Nr. 94506
Kompakt-Wissen Abitur Themenwortschatz	Best.-Nr. 945010

Englisch

Übersetzungsübung	Best.-Nr. 82454
Grammatikübung	Best.-Nr. 82452
Themenwortschatz	Best.-Nr. 82451
Grundlagen der Textarbeit	Best.-Nr. 94464
Textaufgaben Literarische Texte und Sachtexte	Best.-Nr. 94468
Grundfertigkeiten des Schreibens	Best.-Nr. 94466
Sprechfertigkeit mit CD	Best.-Nr. 94467
Englisch – Übertritt in die Oberstufe	Best.-Nr. 82453
Abitur-Wissen Landeskunde Großbritannien	Best.-Nr. 94461
Abitur-Wissen Landeskunde USA	Best.-Nr. 94463
Abitur-Wissen Literaturgeschichte	Best.-Nr. 94465
Kompakt-Wissen Abitur Themenwortschatz	Best.-Nr. 90462
Kompakt-Wissen Kurzgrammatik	Best.-Nr. 90461

Latein

Abitur-Wissen Lateinische Literaturgeschichte	Best.-Nr. 94602
Kurzgrammatik	Best.-Nr. 94601
Wortkunde	Best.-Nr. 94603
Kompakt-Wissen Kurzgrammatik	Best.-Nr. 906011

Religion

Katholische Religion 1 (gk)	Best.-Nr. 84991
Katholische Religion 2 – (gk)	Best.-Nr. 84992
Abitur-Wissen gk ev. Religion Der Mensch zwischen Gott und Welt	Best.-Nr. 94973
Abitur-Wissen gk ev. Religion Die Verantwortung des Christen in der Welt	Best.-Nr. 94974
Abitur-Wissen Glaube und Naturwissenschaft	Best.-Nr. 94977
Abitur-Wissen Jesus Christus	Best.-Nr. 94978
Abitur-Wissen Die Frage nach dem Menschen	Best.-Nr. 94990
Abitur-Wissen Die Bibel	Best.-Nr. 94992
Abitur-Wissen Christliche Ethik	Best.-Nr. 94993
Lexikon Ethik und Religion	Best.-Nr. 94959

Ethik

Ethische Positionen in historischer Entwicklung – gk	Best.-Nr. 94951
Abitur-Wissen Philosophische Ethik	Best.-Nr. 94952
Abitur-Wissen Glück und Sinnerfüllung	Best.-Nr. 94953
Abitur-Wissen Freiheit und Determination	Best.-Nr. 94954
Abitur-Wissen Recht und Gerechtigkeit	Best.-Nr. 94955
Abitur-Wissen Religion und Weltanschauungen	Best.-Nr. 94956
Abitur-Wissen Wissenschaft – Technik – Verantwortung	Best.-Nr. 94957
Abitur-Wissen Politische Ethik	Best.-Nr. 94958
Lexikon Ethik und Religion	Best.-Nr. 94959

Sport

Bewegungslehre (LK)	Best.-Nr. 94981
Trainingslehre (LK)	Best.-Nr. 94982

Kunst

Kunst 1 Grundwissen Malerei (LK)	Best.-Nr. 94961
Kunst 2 Analyse und Interpretation (LK)	Best.-Nr. 94962

Fachübergreifend

Richtig Lernen Tipps und Lernstrategien – Oberstufe	Best.-Nr. 10483
Referate und Facharbeiten – Oberstufe	Best.-Nr. 10484
Training Methoden Meinungen äußern, Ergebnisse präsentieren	Best.-Nr. 10486

15-VIT

Bestellungen bitte direkt an: STARK Verlagsgesellschaft mbH & Co. KG
Postfach 1852 · 85318 Freising · Tel: 08161 / 179-0 · FAX: 08161 / 179-51
Internet: www.stark-verlag.de · E-Mail: info@stark-verlag.de

STARK